White Paper Series   Collana Libri

T0092604

THE ITALIAN LANGUAGE IN THE DIGITAL AGE

LA LINGUA ITALIANA NELL'ERA DIGITALE

Nicoletta Calzolari   CNR-ILC
Bernardo Magnini   FBK
Claudia Soria   CNR-ILC
Manuela Speranza   FBK

Georg Rehm, Hans Uszkoreit
(curatori, editors)

Editors
Georg Rehm
DFKI
Alt-Moabit 91c
Berlin 10559
Germany
e-mail: georg.rehm@dfki.de

Hans Uszkoreit
DFKI
Alt-Moabit 91c
Berlin 10559
Germany
e-mail: hans.uszkoreit@dfki.de

ISSN 2194-1416   ISSN 2194-1424   (electronic)
ISBN 978-3-642-30775-1   ISBN 978-3-642-30776-8   (eBook)
DOI 10.1007/978-3-642-30776-8
Springer Heidelberg New York Dordrecht London

Library of Congress Control Number: 2012942722

Printed on acid-free paper

Springer is part of Springer Science+Business Media (www.springer.com)

PREFAZIONE PREFACE

Questo Libro Bianco fa parte di una collana che intende promuovere la conoscenza in merito alle tecnologie del linguaggio e al loro potenziale. Si rivolge, tra gli altri, ai giornalisti, i politici, gli educatori e le comunità linguistiche. La disponibilità e l'uso delle tecnologie del linguaggio in Europa variano da lingua a lingua, e di conseguenza differiscono anche le azioni richieste per sostenere la ricerca e lo sviluppo di tali tecnologie. Gli interventi necessari dipendono da molti fattori, tra i quali la complessità di ciascuna lingua e le dimensioni della comunità che vi fa riferimento.

META-NET, una Rete di Eccellenza finanziata dalla Commissione Europea, con questa Collana di Libri Bianchi ha condotto un'analisi delle risorse e delle tecnologie linguistiche attualmente esistenti (p. 69). L'analisi si è concentrata sulle 23 lingue europee ufficiali e su altre importanti lingue nazionali e regionali d'Europa. I risultati di questa analisi indicano che per tutte le lingue considerate esistono dei deficit tecnologici enormi e significative lacune nella ricerca. L'analisi dettagliata che viene fornita, insieme a una valutazione della situazione attuale, potrà consentire di massimizzare l'impatto delle ricerche future.

A novembre 2011, META-NET è composta da 54 centri di ricerca, dislocati in 33 paesi europei (p. 65). META-NET collabora con aziende commerciali, enti governativi, industrie, organizzazioni di ricerca, compagnie produttrici di software e università europee. Insieme a queste comunità, META-NET sta creando una visione comune sulla tecnologia e un'agenda di ricerca strategica condivisa per l'Europa multilingue del 2020.

This white paper is part of a series that promotes knowledge about language technology and its potential. It addresses journalists, politicians, language communities, educators and others. The availability and use of language technology in Europe varies between languages. Consequently, the actions that are required to further support research and development of language technologies also differ. The required actions depend on many factors, such as the complexity of a given language and the size of its community.

META-NET, a Network of Excellence funded by the European Commission, has conducted an analysis of current language resources and technologies in this white paper series (p. 69). The analysis focused on the 23 official European languages as well as other important national and regional languages in Europe. The results of this analysis suggest that there are tremendous deficits in technology support and significant research gaps for each language. The given detailed expert analysis and assessment of the current situation will help maximise the impact of additional research.

As of November 2011, META-NET consists of 54 research centres in 33 European countries (p. 65). META-NET is working with stakeholders from economy (software companies, technology providers and users), government agencies, research organisations, non-governmental organisations, language communities and European universities. Together with these communities, META-NET is creating a common technology vision and strategic research agenda for multilingual Europe 2020.

META-NET – office@meta-net.eu – http://www.meta-net.eu

Gli autori di questo documento sono grati agli autori del Libro Bianco sulla lingua tedesca per aver consentito di riutilizzare alcuni materiali selezionati dal loro documento [1].

Questo Libro Bianco è stato finanziato dal Settimo Programma Quadro e dal Programma di sostegno alla politica in materia di TIC (tecnologie dell'informazione e delle comunicazioni) della Commissione Europea nell'ambito dei contratti T4ME (accordo di finanziamento 249 119), CESAR (accordo di finanziamento 271 022), METANET4U (accordo di finanziamento 270 893) e META-NORD (accordo di finanziamento 270 899).

The authors of this document are grateful to the authors of the White Paper on German for permission to re-use selected language-independent materials from their document [1].

The development of this White Paper has been funded by the Seventh Framework Programme and the ICT Policy Support Programme of the European Commission under the contracts T4ME (Grant Agreement 249 119), CESAR (Grant Agreement 271 022), METANET4U (Grant Agreement 270 893) and META-NORD (Grant Agreement 270 899).

INDICE CONTENTS

LA LINGUA ITALIANA NELL'ERA DIGITALE

THE ITALIAN LANGUAGE IN THE DIGITAL AGE

SOMMARIO

Nel corso degli ultimi 60 anni, l'Europa è diventata una struttura politica ed economica distinta, che si caratterizza per la ricchezza e la varietà del suo patrimonio culturale e linguistico. Ciò significa che dal portoghese al polacco e dall'italiano all'islandese, la comunicazione quotidiana tra cittadini europei, così come la comunicazione nella sfera degli affari e della politica, sono inevitabilmente ostacolate da barriere linguistiche. Le istituzioni dell'UE spendono circa un miliardo di euro l'anno per mantenere la loro politica di multilinguismo, che consiste nella traduzione di testi scritti e nell'interpretariato di comunicazioni orali. Secondo alcune stime, il mercato europeo per la traduzione, l'interpretariato, la localizzazione del software e la globalizzazione dei siti web si aggira intorno a 8.4 miliardi di euro e ci si aspetta che aumenti del 10% all'anno. Ma si tratta di una spesa davvero necessaria? Nonostante questo impegno economico, i testi tradotti rappresentano solo una parte dell'informazione a disposizione della popolazione in paesi dove c'è una sola lingua predominante, come gli Stati Uniti, la Cina o il Giappone. Le moderne tecnologie del linguaggio e la ricerca linguistica possono dare un contributo significativo per abbattere questi confini linguistici. Se combinate con dispositivi e applicazioni intelligenti, le tecnologie del linguaggio in futuro saranno in grado di aiutare i cittadini europei a comunicare e fare affari facilmente tra loro anche se non parlano una lingua comune.

L'economia italiana trae vantaggio dal mercato unico europeo ma le barriere linguistiche possono portare ad una limitazione degli scambi, soprattutto per le PMI che non hanno i mezzi finanziari per invertire la situazione.

L'unica (impensabile) alternativa a questo tipo di Europa multilingue sarebbe quella di permettere a una singola lingua di acquisire una posizione dominante e finire per sostituire tutte le altre lingue.

Le tecnologie del linguaggio costruiscono ponti per il futuro dell'Europa.

Il modo più naturale per superare le barriere linguistiche sarebbe certamente quello di imparare le lingue straniere. Eppure, considerando la quantità delle lingue d'Europa – circa ottanta, tra lingue ufficiali e non – l'apprendimento delle lingue non basta da solo per le necessità della comunicazione, del commercio e del trasferimento dell'informazione tra tutti i confini linguistici. Senza il supporto della tecnologia, per esempio la traduzione automatica, la diversità linguistica dell'Europa rischia di rappresentare un ostacolo insormontabile per i cittadini europei e per l'economia, il dibattito politico e il progresso scientifico.

Le tecnologie del linguaggio hanno un ruolo chiave per fornire una soluzione sostenibile, economica e socialmente vantaggiosa al problema creato dalle barriere linguistiche.

Queste tecnologie offriranno agli attori europei enormi vantaggi, non solo all'interno del mercato comune europeo, ma anche nelle relazioni commerciali con i paesi terzi, in particolare le economie emergenti. Le soluzioni proposte dalle tecnologie del linguaggio finiranno per rappresentare un unico ponte tra le lingue d'Europa. Per raggiungere questo obiettivo e preservare la diversità culturale e linguistica dell'Europa, è prima necessario effettuare un'analisi sistematica delle particolarità linguistiche di tutte le lingue europee e dello stato attuale delle tecnologie linguistiche per ciascuna di esse.

Già alla fine degli anni Settanta l'UE aveva compreso la grande importanza della tecnologia del linguaggio per guidare l'unità europea, quando cominciò a finanziare i primi progetti di ricerca (per esempio, EUROTRA). Dopo un lungo periodo in cui i finanziamenti venivano concessi in modo relativamente poco concertato, pochi anni fa la Commissione Europea ha istituito un dipartimento dedicato alle tecnologie del linguaggio e alla traduzione automatica.

Al momento l'Unione Europea sostiene progetti come EuroMatrix e EuroMatrixPlus (dal 2006) e iTranslate4 (dal 2010), che conducono ricerca di base e applicata e producono risorse per la creazione di tecnologie linguistiche di alta qualità per tutte le lingue europee. Questi sforzi hanno già portato un certo numero di risultati notevoli. I servizi di traduzione dell'Unione Europea, per esempio, attualmente utilizzano il software di traduzione automatica open-source MOSES, che è stato sviluppato principalmente attraverso progetti di ricerca europei. Tuttavia, questi progetti non sono mai sfociati in uno sforzo coerente e coeso a livello europeo, che veda l'UE e i suoi stati membri perseguire in modo sistematico lo scopo comune di sostenere tecnologicamente tutte le lingue europee.

Le tecnologie del linguaggio
sono la chiave per il futuro.

Invece di investire sui risultati dei suoi progetti di ricerca, l'Europa ha mantenuto la tendenza a svolgere attività di ricerca isolate, con un impatto sul mercato meno pervasivo. Di conseguenza, questa pur intensa attività di finanziamento non ha prodotto dei risultati sostenibili. In molti casi, la ricerca fatta in Europa ha prodotto risultati considerevoli, ma fuori dai confini europei. I vincitori di questo sviluppo generale sono Google e Apple. In realtà, molti dei soggetti principali nel settore oggi sono aziende private a scopo di lucro con sede nel Nord America.

La maggior parte dei sistemi di tecnologia del linguaggio sviluppati da queste aziende si basano su approcci statistici imprecisi, che non fanno uso di metodi linguistici più sofisticati. Per esempio, le frasi vengono tradotte automaticamente mettendo a confronto una nuova frase contro migliaia di frasi tradotte in precedenza da esseri umani. La qualità del risultato dipende in larga misura dalla dimensione e dalla qualità del corpus campione disponibile. Mentre la traduzione automatica di frasi semplici in lingue con sufficienti quantità di materiale testuale a disposizione può raggiungere risultati utili, detti metodi statistici poco profondi sono destinati a fallire nel caso di lingue che dispongono di molto meno materiale campione, oppure nel caso di frasi con strutture complesse. Analizzare le proprietà strutturali più profonde delle lingue è l'unica strada percorribile se vogliamo creare applicazioni che funzionino bene per tutte le lingue d'Europa.

Le tecnologie linguistiche
aiutano a unificare l'Europa.

In Europa ci sono condizioni ottimali per la ricerca: grazie ad iniziative come CLARIN, META-NET e FLaReNet, la comunità di ricerca è ben coesa; in FLaReNet e META-NET sono state sviluppate delle agende di ricerca a lungo termine, e le tecnologie del linguaggio stanno rafforzando il loro ruolo presso la Commissione Europea in modo lento ma costante. Tuttavia, da alcuni punti di vista, la situazione europea è peggiore rispetto a quella di altre società multilingui. A fronte di risorse finanziarie inferiori, paesi come l'India, con 22 lingue ufficiali, e il Sud Africa, con 11 lingue ufficiali, hanno recentemente istituito programmi nazionali a lungo termine per la ricerca linguistica e lo sviluppo tecnologico.

Quello che manca in Europa sono la consapevolezza, la volontà politica e il coraggio di lottare per una posizione di leader internazionale in questo settore tecnologico attraverso uno sforzo concertato di finanziamento. Sulla base dei risultati ottenuti finora, sembra che la tecnologia linguistica di oggi, definita ibrida in quanto combina i metodi statistici con un'analisi linguistica a livello più profondo, riuscirà a colmare il divario tra tutte le lingue europee.

Come viene mostrato in questa collana di Libri Bianchi, c'è una notevole differenza tra i diversi paesi membri relativamente allo stato di preparazione rispetto alle soluzioni tecnologiche linguistiche e allo stato della ricerca. L'italiano, in quanto una delle grandi lingue dell'UE, si trova in una situazione migliore sia per quanto riguarda la maturità della ricerca che il livello di sviluppo delle tecnologie linguistiche. Tuttavia, l'italiano necessita ancora di ulteriori ricerche prima di poter avere soluzioni tecnologiche veramente efficaci pronte per l'uso quotidiano.

La percentuale di utenti Internet che parlano italiano subirà una diminuzione nel prossimo futuro e l'italiano potrebbe andare incontro al problema di essere sotto rappresentato nel Web, specialmente se paragonato all'inglese. È qui che le tecnologie del linguaggio possono svolgere un ruolo fondamentale per vincere le sfide che aspettano la lingua italiana nell'era digitale. La presenza "digitale" di una lingua in applicazioni e servizi basati su Internet è ormai un elemento cruciale per mantenere la vitalità culturale di quella lingua. E, d'altra parte, applicazioni e servizi su Internet sono sostenibili solo in presenza di adeguate infrastrutture e tecnologie. La ricerca nel campo delle tecnologie del linguaggio è condotta in Italia in oltre 15 laboratori (secondo quanto riportato dallo studio EUROMAP) e la presenza italiana nella comunità di ricerca internazionale è attiva e rilevante. A partire dal 1997 è stato fatto uno sforzo considerevole in Italia nella ricerca sulle tecnologie del linguaggio, quando per questo settore è stata designata una politica di ricerca nazionale. Sfortunatamente, i fiananziamenti a livello nazionale sono molto limitati, e lo stato attuale delle tecnologie del linguaggio non è sufficiente a garantire all'italiano una dimensione digitale proporzionata alla richiesta delle applicazioni e dei servizi dell'Internet del futuro. Per i prossimi decenni la comunità italiana deve fare uno sforzo sostanziale per creare risorse e strumenti linguistici per l'italiano in grado di trainare la ricerca, l'innovazione e lo sviluppo in generale. In questo volume verrà presentata una introduzione alle tecnologie linguistiche e alle relative prinicipali aree di applicazione, corredata da una valutazione dello stato attuale delle tecnologie linguistiche disponibili per l'italiano.

Questa collana di Libri Bianchi integra le altre azioni strategiche intraprese da META-NET (si veda l'appendice per una panoramica). Informazioni aggiornate, come per esempio la versione attuale del vision paper di META-NET [2] o l'Agenda di Ricerca Strategica (SRA) sono disponibili sul sito web di META-NET: http://www.meta-net.eu.

LE NOSTRE LINGUE A RISCHIO: UNA SFIDA PER LE TECNOLOGIE DEL LINGUAGGIO

Siamo testimoni di una rivoluzione digitale che sta avendo un impatto radicale sulla comunicazione e sulla società. I recenti sviluppi nella tecnologia dell'informazione digitale e della comunicazione vengono talvolta paragonati all'invenzione della stampa da parte di Gutenberg. Ma cosa può dirci questa analogia sul futuro della società dell'informazione europea e, in particolare, delle nostre lingue?

La rivoluzione digitale è paragonabile all'invenzione della stampa da parte di Gutenberg.

In seguito all'invenzione di Gutenberg, furono compiuti grandi progressi nella comunicazione e nello scambio di conoscenza attraverso opere quali la traduzione della Bibbia in una lingua volgare da parte di Lutero. Nel corso dei secoli successivi, sono state sviluppate tecniche per gestire meglio l'elaborazione del linguaggio e lo scambio di conoscenza:

- la standardizzazione ortografica e grammaticale delle lingue principali ha oermesso di disseminare nuove idee scientifiche e intellettuali in modo rapido;

- lo sviluppo delle lingue ufficiali ha reso possibile ai cittadini la comunicazione all'interno di determinati confini (spesso politici);

- l'insegnamento delle lingue e la traduzione ha reso possibili gli scambi tra persone che parlavano lingue diverse;

- la creazione di linee guida editoriali e bibliografiche ha assicurato la qualità e la disponibilità di materiale stampato;

- la creazione di diversi mezzi di comunicazione, come i giornali, la radio, la televisione e i libri, ha permesso di soddisfare bisogni di comunicazione di natura diversa.

Negli ultimi vent'anni, la tecnologia dell'informazione ha aiutato ad automatizzare e facilitare molti processi:

- i software per il *desktop publishing* hanno sostituito la dattilografia e la composizione tipografica;

- PowerPoint di Microsoft ha sostituito i lucidi;

- con la posta elettronica si spediscono e si ricevono documenti più velocemente che utilizzando un fax;

- Skype offre la possibilità di fare chiamate telefoniche su Internet in modo economico e permette di organizzare incontri virtuali;

- grazie a formati di codifica audio e video è possibile scambiarsi in maniera semplice contenuti multimediali;

- i motori di ricerca forniscono un accesso alle pagine web basato su parole chiave;

- servizi online come Google Translate producono veloci traduzioni approssimate;
- le piattaforme di social media come Facebook, Twitter, e Google+ facilitano la comunicazione, la collaborazione e la condivisione dell'informazione.

Sebbene queste applicazioni e questi strumenti siano utili, essi non sono ancora in grado di supportare pienamente una società europea multilingue in cui l'informazione e le merci possano circolare liberamente.

2.1 I CONFINI LINGUISTICI FRENANO LA SOCIETÀ EUROPEA DELL'INFORMAZIONE

Non siamo in grado di prevedere esattamente come sarà la società dell'informazione del futuro. Tuttavia, esiste un'elevata probabilità che la rivoluzione nelle tecnologie della comunicazione avvicinerà persone che parlano lingue diverse in nuovi modi. Questa tendenza induce gli individui a imparare nuove lingue e gli sviluppatori, in particolare, a creare nuove applicazioni tecnologiche per assicurare la comprensione reciproca e l'accesso alla conoscenza condivisa.

In uno spazio economico e di informazione globale, una maggiore quantità di lingue, di parlanti e di contenuti interagiscono più velocemente con nuovi tipi di mezzi di comunicazione. L'attuale popolarità dei social media (Wikipedia, Facebook, Twitter, YouTube e, recentemente, Google+) rappresenta soltanto la punta dell'iceberg.

L'economia e lo spazio d'informazione globali ci mettono di fronte a lingue, parlanti e contenuti diversi.

Oggi possiamo trasmettere gigabyte di testo in tutto il mondo in pochi secondi prima di accorgerci che si tratta di una lingua che non comprendiamo. Secondo un recente rapporto della Commissione Europea, il 57% degli utenti di Internet in Europa acquista merci e servizi in lingue diverse dalla loro lingua nativa; l'inglese è la lingua straniera più comune, seguito dal francese, dal tedesco e dallo spagnolo. Il 55% degli utenti legge contenuti in una lingua straniera mentre il 35% usa un'altra lingua per scrivere e-mail o per spedire commenti sul Web [3]. Alcuni anni fa, l'inglese poteva essere considerato la lingua franca del Web – la grande maggioranza dei contenuti sul Web era in inglese – ma la situazione ora è cambiata sensibilmente. La quantità di contenuti online in altre lingue europee (così come per quelle asiatiche e medio-orientali) si è moltiplicata.

Sorprendentemente, questo onnipresente divario digitale dovuto ai confini linguistici non ha ricevuto molta attenzione pubblica; eppure, esso solleva una domanda molto pressante: quali lingue europee prospereranno nella società dell'informazione e della conoscenza in rete, e quali sono destinate a scomparire?

2.2 LE NOSTRE LINGUE A RISCHIO

Se da un lato l'invenzione della stampa contribuì certamente ad intensificare lo scambio di informazioni in Europa, essa al contempo portò anche all'estinzione di molte lingue europee. Le lingue regionali e minoritarie venivano stampate raramente e lingue come il cornico e il dalmatico vennero ridotte a forme di trasmissione orale, il che a sua volta restrinse gli ambiti d'uso di queste lingue. Internet avrà lo stesso impatto sulle nostre lingue?

L'ampia varietà di lingue esistenti in Europa rappresenta una delle sue ricchezze più importanti.

Le circa 80 lingue dell'Europa costituiscono uno dei più ricchi e più importanti patrimoni culturali dell'Europa, e una parte vitale del suo modello sociale unico [4]. Mentre lingue come l'inglese e lo spagnolo probabilmente sopravviveranno nel mercato digitale emergente, molte altre lingue Europee potrebbero diventare irrilevanti all'interno di una società in rete. Questo porterebbe ad un indebolimento dello stato globale dell'Europa e andrebbe contro l'obiettivo strategico di assicurare un'uguale partecipazione a tutti i cittadini europei indipendentemente dalla lingua.

Secondo un rapporto dell'UNESCO sul multilinguismo, le lingue rappresentano un mezzo essenziale per poter godere di diritti fondamentali come il diritto di espressione politica, il diritto all'educazione e alla partecipazione nella società [5].

2.3 LA TECNOLOGIA DEL LINGUAGGIO È UNA TECNOLOGIA FONDAMENTALE

In passato, gli sforzi di investimento nell'ambito della conservazione delle lingue si sono focalizzati sull'insegnamento delle lingue e sulla traduzione. Secondo una stima, il mercato europeo per la traduzione, l'interpretariato, la localizzazione di software e di siti web è stato di 8,4 miliardi di euro nel 2008 e per il futuro è attesa una crescita del 10% all'anno [6]. Eppure questa cifra copre solo una piccola parte dei bisogni attuali e futuri per quanto riguarda la comunicazione tra lingue diverse. La soluzione più convincente per assicurare in futuro ampiezza e profondità nell'uso delle lingue in Europa consiste nell'uso di una tecnologia appropriata, allo stesso modo in cui usiamo la tecnologia per risolvere le nostre esigenze di trasporto e di energia.

Le tecnologie linguistiche (rivolte a tutte le forme di testi scritti e discorsi orali) aiutano le persone a collaborare, a fare affari, a condividere la conoscenza e a partecipare al dibattito sociale e politico a prescindere dalle barriere linguistiche e dall'abilità nell'uso del computer. Spesso operano in maniera invisibile all'interno di sistemi informatici complessi, per aiutarci a:

- trovare informazioni mediante un motore di ricerca su Internet;

- controllare errori di ortografia e di grammatica all'interno di un programma per l'elaborazione di testi;

- vedere, in un negozio online, le opinioni sui prodotti espresse da altri clienti;

- seguire, in automobile, le istruzioni vocali di un sistema di navigazione;

- tradurre pagine web attraverso un servizio in rete.

La tecnologia del linguaggio consiste in un certo numero di applicazioni di base che rendono possibili processi all'interno di un più ampio quadro applicativo. I Libri Bianchi di META-NET si prefiggono l'obiettivo di verificare che livello abbiano raggiunto queste tecnologie di base per ciascuna lingua europea.

L'Europa ha bisogno di tecnologie linguistiche robuste ed economicamente accessibili per tutte le lingue europee.

Al fine di mantenere la propria posizione in prima linea nell'innovazione globale l'Europa avrà bisogno, per tutte le lingue europee, di tecnologie linguistiche robuste, economicamente accessibili e saldamente integrate all'interno degli ambienti software principali. Senza le tecnologie del linguaggio, non saremo in grado di raggiungere in un prossimo futuro un'esperienza utente interattiva, multimediale e multilingue realmente efficace.

2.4 LE OPPORTUNITÀ PER LE TECNOLOGIE LINGUISTICHE

La rivoluzione tecnologica nel mondo della carta stampata fu la possibilità di duplicare rapidamente un'immagine di un testo usando una macchina da stampa sufficientemente potente. Il duro lavoro di ricerca, lettura, traduzione e sintesi della conoscenza era appannaggio degli uomini. Per registrare la lingua parlata si è dovuto aspettare fino ad Edison e di nuovo la sua tecnologia produceva semplicemente delle copie analogiche. Le tecnologie linguistiche possono ora semplificare e automatizzare i processi stessi di traduzione, produzione di contenuto e gestione della conoscenza per tutte le lingue europee. Possono anche arricchire interfacce intuitive a base vocale per elettrodomestici, macchinari, veicoli, computer e robot. Delle applicazioni commerciali ed industriali reali sono ancora agli stadi iniziali di sviluppo, ma i progressi di R&S stanno creando una vera finestra di opportunità. Per esempio, la traduzione automatica è già ragionevolmente accurata in settori specifici, ed alcune applicazioni sperimentali consentono la gestione multilingue dell'informazione e della conoscenza e la produzione di contenuto in molte lingue europee.

Come accade per la maggioranza delle tecnologie, le prime applicazioni linguistiche come le interfacce basate sulla voce e i sistemi di dialogo erano sviluppate per settori altamente specialistici, e spesso avevano prestazioni limitate. Ma l'integrazione delle tecnologie linguistiche nei giochi, nei siti legati al patrimonio culturale, nei pacchetti di *edutainment*, nelle biblioteche, negli ambienti di simulazione e nei programmi di training offre opportunità di mercato enormi nell'industria dell'educazione e dell'intrattenimento. I servizi mobili di informazione, il software per l'apprendimento delle lingue assistito da computer, gli ambienti di *eLearning*, gli strumenti di auto-valutazione e il software di rilevamento del plagio sono solo alcune delle aree applicative in cui le tecnologie linguistiche possono avere un ruolo importante. La popolarità delle applicazioni *social media* come Twitter e Facebook suggeriscono un ulteriore bisogno di tecnologie linguistiche sofisticate che consentano di monitorare i messaggi, sintetizzare le discussioni, suggerire andamenti di opinione, individuare risposte emotive, identificare violazioni di copyright o rintracciare usi impropri. Le tecnologie linguistiche rappresentano un'opportunità straordinaria per l'Unione Europea, in quanto possono aiutare ad affrontare il complesso problema del multilinguismo in Europa – il fatto che lingue diverse coesistono naturalmente nel mondo degli affari, delle amministrazioni e delle scuole. I cittadini, tuttavia, hanno bisogno di comunicare al di là di questi confini linguistici che attraversano il Mercato Comune Europeo, e le tecnologie linguistiche possono aiutare a superare quest'ultima barriera pur continuando a supportare l'uso libero e aperto delle singole lingue.

Le tecnologie linguistiche aiutano a superare quella forma di disabilità rappresentata dalla diversità linguistica.

Guardando ancora più avanti, le tecnologie linguistiche multilingui innovative rappresenteranno un punto di riferimento per i nostri partner globali quando le comunità multilingui cominceranno a dotarsene. Le tecnologie linguistiche possono essere viste come una tecnologia assistiva che aiuta a superare quella forma di disabilità rappresentata dalla diversità linguistica, rendendo le comunità linguistiche ancora più accessibili le une verso le altre. Infine, un campo di ricerca attivo è l'uso delle tecnologie linguistiche per operazioni di soccorso in aree colpite da emergenze, dove le prestazioni possono essere una questione di vita o di morte: i robot intelligenti del futuro con capacità trans-linguistiche hanno il potenziale di salvare vite umane.

2.5 LE SFIDE DELLE TECNOLOGIE LINGUISTICHE

Nonostante i considerevoli passi avanti compiuti dalle tecnologie linguistiche negli ultimi anni, il ritmo del progresso tecnologico e dell'innovazione produttiva è troppo lento. Tecnologie ampiamente usate come i correttori ortografici e grammaticali degli editori di testo sono in genere monolingui, e sono disponibili per poche lingue. I servizi di traduzione automatica on-line, sebbene utili per generare rapidamente una ragionevole approssimazione del contenuto di un documento, sono irti di difficoltà quando siano richieste delle traduzioni complete e molto accurate. A causa della complessità del linguaggio umano, modellare le nostre lingue per mezzo di un software che sia poi testato in applicazioni reali è un processo troppo lungo e costoso che richiede un impegno finanziario costante. L'Europa, quindi, deve mantenere il suo ruolo pionieristico nell'affrontare le sfide tecnologiche di una comunità multilingue, inventando nuovi metodi – tanto il progresso computazionale quanto tecniche come il *crowdsourcing* – per accelerare lo sviluppo a tutto campo.

Il ritmo del progresso tecnologico deve essere accelerato.

2.6 L'ACQUISIZIONE DEL LINGUAGGIO NEGLI UMANI E NELLE MACCHINE

Per illustrare il modo in cui i computer gestiscono il linguaggio e il perché sia difficile programmarli ad usarlo, diamo un rapido sguardo al modo in cui gli umani acquisiscono le lingue, e vediamo poi come lavorano le tecnologie linguistiche.

Gli esseri umani acquisiscono le competenze linguistiche in due modi diversi. I bambini acquisiscono una lingua ascoltando delle interazioni reali che avvengono tra genitori, fratelli o membri della famiglia. A partire da circa due anni, i bambini producono le loro prime parole e delle brevi frasi. Questo è possibile solo perché gli esseri umani hanno una predisposizione genetica ad imitare e poi razionalizzare i suoni che sentono. L'apprendimento di una seconda lingua ad un'età maggiore richiede più sforzo, in gran parte perché il bambino non è immerso in una comunità linguistica di parlanti nativi. A scuola, le lingue straniere di solito sono acquisite studiando la struttura grammaticale, il vocabolario e l'ortografia con esercizi che descrivono la conoscenza linguistica in termini di regole astratte, tabelle ed esempi.

Gli esseri umani acquisiscono il linguaggio in due modi diversi: apprendendo dagli esempi e apprendendo le regole linguistiche che li governano.

I due tipi principali di sistemi di tecnologie linguistiche 'acquisiscono' delle capacità linguistiche in modo simile. Gli approcci statistici (o 'data driven') ricavano la conoscenza linguistica da vaste raccolte di esempi testuali concreti. Mentre è sufficiente usare del testo in una sola lingua per addestrare un correttore ortografico, per addestrare un sistema di traduzione automatica sono necessari dei testi paralleli in due (o più) lingue. L'algoritmo di *machine learning* poi "impara" dei modelli di come sono tradotte le parole, i gruppi di parole e le frasi complete.

Questo approccio statistico può richiedere milioni di frasi e la qualità delle prestazioni aumenta con la quantità di testo analizzato. Questo è uno dei motivi per cui i fornitori di motori di ricerca vogliono raccogliere il maggior numero possibile di materiale scritto. La correzione ortografica negli editori di testo, e servizi come

Google Search e Google Translate si basano tutti su approcci statistici. Il grande vantaggio della statistica è che la macchina impara velocemente in serie continue di cicli di apprendimento, anche se la qualità può variare arbitrariamente.

Il secondo approccio alle tecnologie linguistiche – e alla traduzione automatica in particolare – è quello di costruire sistemi basati su regole. Esperti di linguistica, linguistica computazionale e informatica devono prima di tutto codificare delle analisi grammaticali (regole di traduzione) e compilare liste di vocaboli (lessici). Questo lavoro è molto lungo e laborioso. Alcuni dei sistemi leader di traduzione automatica basati su regole sono stati in costante sviluppo da più di venti anni. Il grande vantaggio dei sistemi basati su regole è che gli esperti hanno un controllo più dettagliato sulla elaborazione del linguaggio. In questo modo è possibile correggere sistematicamente gli errori nel software e fornire all'utente un feedback dettagliato, soprattutto quando i sistemi basati su regole vengono utilizzati per l'apprendimento delle lingue. Ma a causa del costo elevato di questo lavoro, le tecnologie linguistiche basate su regole finora sono state sviluppate solo per le lingue principali.

Dal momento che i punti di forza e di debolezza dei sistemi statistici e di quelli basati su regole tendono ad essere complementari, la ricerca attuale si concentra sugli approcci ibridi che combinano le due metodologie. Tuttavia, questi approcci finora hanno avuto più successo nei laboratori di ricerca che in applicazioni industriali.

I due tipi principali dei sistemi di tecnologie linguistiche acquisiscono il linguaggio in modo simile.

Come abbiamo visto in questo capitolo, molte applicazioni ampiamente usate nella società dell'informazione di oggi si basano molto sulla tecnologia linguistica. Grazie alla sua comunità multilingue, questo è vero in particolar modo per lo spazio economico e di informazione europeo. Sebbene le tecnologie linguistiche abbiano fatto progressi notevoli negli ultimi anni, c'è ancora uno spazio di miglioramento enorme per la qualità dei sistemi di tecnologie linguistiche. Nei prossimi capitoli descriveremo il ruolo della lingua italiana nella società dell'informazione europea e valuteremo lo stato attuale delle tecnologie linguistiche per la lingua italiana.

LA LINGUA ITALIANA NELLA SOCIETÀ EUROPEA DELL'INFORMAZIONE

3.1 ASPETTI GENERALI

La lingua italiana conta circa 62 milioni di parlanti nativi, il che la colloca tra le 20 lingue più parlate al mondo. 125 milioni di persone la usano come seconda lingua. Diverse comunità di ex-emigranti, ciascuna costituita da più di 500.000 persone che ancora parlano italiano, si trovano in Argentina, Brasile, Canada e Stati Uniti. Secondo un'indagine realizzata nel 2006, con i suoi 56 milioni di parlanti nativi residenti in Italia l'italiano è la seconda lingua nell'Unione Europea per numero di parlanti, dopo il tedesco e alla pari con l'inglese.

Nell'ambito di vari studi condotti in anni diversi, è stato stimato che altri 280.000 parlanti di italiano come prima lingua risiedano in Belgio, 70.000 in Croazia (paese candidato a entrare a far parte dell'Unione Europea), 1.000.000 in Francia, 548.000 in Germania, 20.800 nel Lussemburgo, 27.000 a Malta (esclusi 118.000 parlanti di italiano come seconda lingua), 2.560 in Romania, 4.010 in Slovenia, 200.000 nel Regno Unito e 471.000 in Svizzera.

La lingua italiana conta circa 62 milioni di parlanti nativi.

L'italiano si trova al sesto posto nell'Unione Europea tra le lingue più parlate come lingua straniera dopo l'inglese, il francese, il tedesco, lo spagnolo e il russo. Per quanto concerne il numero di traduzioni a livello mondiale, l'italiano si trova al quinto posto come lingua di partenza e all'undicesimo come lingua di arrivo.

Nell'Unione Europea l'italiano è parlato come seconda lingua dal 3% della popolazione, cioè 14 milioni di persone; da uno studio effettuato nel 2005 è emerso che il 61% dei maltesi, il 14% dei croati, il 12% degli sloveni, l'11% degli austriaci, l'8% dei romeni e il 6% dei francesi e dei greci includono l'italiano tra le due lingue straniere che i bambini dovrebbero imparare. L'italiano è la lingua ufficiale della Repubblica Italiana (formalmente ciò è apparso nella Costituzione soltanto a partire dal 2007) e della Repubblica di San Marino. In Svizzera l'italiano è una delle quattro lingue ufficiali, ed è parlato soprattutto nel Canton Grigioni e nel Canton Ticino. A Città del Vaticano è una delle lingue ufficiali (tutte le leggi e i regolamenti dello stato sono pubblicati in italiano).

L'italiano è una lingua ufficiale regionale in Slovenia (l'articolo 64 della Costituzione slovena concede all'Istria, regione di lingua italiana, un'ampia libertà per quanto riguarda l'uso dell'italiano in aree quali l'istruzione, la cultura, la scienza, l'economia e i mass media) e in Croazia.

Sebbene in Italia l'italiano sia la lingua di gran lunga più parlata, e quasi tutti i media (per esempio, la televisione, i giornali, i film, eccetera) siano prodotti in italiano, altre lingue sono co-ufficiali all'interno di alcune regioni: il francese in Val d'Aosta, il tedesco in Trentino-Alto Adige e il sardo in Sardegna.

3.2 PARTICOLARITÀ DELLA LINGUA ITALIANA

La lingua italiana deriva dal latino ed è la lingua nazionale ad esso più vicina. A differenza della maggior parte delle altre lingue romanze, la lingua italiana mantiene il contrasto tra consonanti lunghe e consonanti brevi che era presente in latino. Come nella maggior pare delle lingue romanze, l'accento ha una funzione distintiva. In particolare la lingua italiana è la più vicina al latino tra le lingue romanze per quanto riguarda il lessico [7]. La grammatica italiana è quella tipica delle lingue romanze in generale. I casi esistono per i pronomi (nominativo, accusativo e dativo), ma non per i sostantivi. Ci sono due generi grammaticali (maschile e femminile). I sostantivi, gli aggettivi e gli articoli cambiano la desinenza in rapporto al genere e al numero (singolare e plurale). Gli aggettivi a volte si trovano prima del nome a cui si riferiscono e a volte dopo. I sostantivi che svolgono la funzione di soggetto di solito sono posizionati prima del verbo. I pronomi personali soggetto di solito vengono omessi in quanto la loro presenza è resa superflua dalle desinenze verbali. I sostantivi con funzione di complemento oggetto seguono il verbo. I pronomi complemento oggetto in genere precedono il verbo, ma lo seguono nel caso di verbi all'imperativo e all'infinito. Ci sono numerosi casi di contrazioni di preposizioni e articoli (preposizioni articolate). Esistono infine numerosi suffissi molto produttivi per il diminutivo, l'accrescitivo, il peggiorativo e il vezzeggiativo, che possono anche dare origine a dei neologismi.

Molti parlanti nativi dell'italiano in realtà sono parlanti nativi bilingui, parlano cioè come lingua nativa sia l'italiano sia il loro dialetto.

Una caratteristica peculiare dell'italiano è che molti parlanti nativi residenti in Italia in realtà sono parlanti nativi bilingui, parlano cioè come lingua nativa sia l'italiano sia il loro dialetto. Alcuni dei dialetti italiani più parlati sono il lombardo (8.830.000 parlanti nel 2000), il napoletano-calabrese (7.050.000 parlanti nel 1976), il siciliano (4.830.000 parlanti nel 2000), il piemontese (3.110.000 parlanti nel 2000), il veneziano (2.180.000 parlanti nel 2000), l'emiliano-romagnolo (2.000.000 parlanti nel 2003), il ligure (1.920.000 parlanti nel 2000). Alcuni dialetti italiani sono sufficientemente distanti dall'italiano da essere considerati lingue separate. I dialetti hanno svolto un ruolo significativo nello sviluppo delle molteplici varietà regionali esistenti per l'italiano e tale influenza risulta particolarmente evidente nella prosodia, nella fonetica e nel lessico dell'italiano parlato da dialettofoni.

3.3 SVILUPPI RECENTI

Negli anni '50, le serie televisive e i film americani iniziarono a dominare il mercato italiano. Sebbene di solito le serie e i film stranieri siano doppiati in italiano, la forte presenza del modo di vivere americano nei media ha influenzato la cultura e la lingua italiana. In seguito al trionfo della musica inglese e americana a partire dagli anni '60, gli adolescenti italiani hanno subito una forte esposizione all'inglese per generazioni. L'inglese ha ben presto acquisito lo stato di lingua 'in' o 'di moda', status che mantiene anche ai giorni nostri.

Il mantenimento di questo status da parte della lingua inglese si riflette nel numero dei prestiti dall'inglese (anglicismi) presenti attualmente nella lingua. Uno studio recente [8] mira a quantificare l'impatto degli anglicismi non adattati sulla base di conteggi relativi alla frequenza d'uso. Questo studio si basa su una lista di esempi di anglicismi non adattati raccolti da un corpus italiano costituito da articoli di quotidiani. L'analisi mostra come, sebbene il numero di anglicismi nei dizionari italiani sia considerevole, la loro presenza all'interno dei quotidiani – un genere che i linguisti tradizionalmente considerano incline all'inclusione di prestiti in generale e di anglicismi nello specifico – raggiunge percentuali molto più basse. L'autore sostiene che le strategie di marketing spingono gli editori e i curatori a massimizzare il numero di lemmi nei dizionari includendo molti prestiti e, in particolare, molti anglicismi; sarebbero invece da prendere in considerazione i conteggi relativi alla frequenza e basati su corpora, in quanto capaci di attestare l'uso reale di una parola. L'autore suggerisce che dovrebbero essere introdotte delle soglie di frequenza per determinare l'inclusione degli anglicismi nei dizionari monolingui e nei dizionari settoriali, sia per l'italiano che per altre lingue, e in questo la linguistica basata su corpora può offrire il suo contributo fornendo dati approssimati sulla frequenza d'uso delle parole.

3.4 INIZIATIVE PER LA PROMOZIONE DELLA LINGUA ITALIANA

Uno dei principali punti di riferimento per le ricerche sulla lingua italiana, anche rispetto alle sue varietà regionali, è "l'Accademia della Crusca" [9], che fu fondata a Firenze nella seconda metà del XVI secolo. Il principale risultato ottenuto dall'Accademia fu il "Vocabolario degli Accademici della Crusca" (1612), il primo dizionario della lingua italiana. Attualmente, l'attività dell'Accademia mira a sostenere l'attività scientifica e la formazione di nuovi ricercatori nel campo della linguistica e della filologia italiana e a collaborare con le omologhe istituzioni estere e con le istituzioni governative italiane e dell'Unione Europea per la politica dell'Europa a favore del plurilinguismo.

> L'Accademia della Crusca è uno dei principali punti di riferimento per le ricerche sulla lingua italiana.

Infine, l'Accademia punta ad acquisire e diffondere non solo la conoscenza storica ma anche la coscienza critica dell'evoluzione dell'italiano nell'era della società dell'informazione.

In parte come reazione alla crescente importanza degli anglicismi nella lingua italiana, nel 2001 è stata presentata un'iniziativa parlamentare che punta alla creazione di un "Consiglio Superiore della Lingua Italiana" (CSLI), allo scopo di contrastare l'impoverimento della lingua italiana e la sua perdita di prestigio a livello europeo e internazionale (tale proposta non ha avuto ancora l'approvazione del Parlamento). Gli obiettivi del CLSI includerebbero, tra gli altri, la difesa, la valorizzazione e la diffusione della cultura italiana, in particolar modo attraverso iniziative mirate alla promozione di un uso corretto della lingua italiana nelle scuole, nei mezzi di comunicazione e negli scambi economici. Un obiettivo aggiuntivo sarebbe costituito dalla diffusione della lingua italiana all'estero, così come il suo uso ufficiale nelle istituzioni europee.

3.5 LA LINGUA NEL SETTORE DELLA FORMAZIONE

Le capacità linguistiche costituiscono una competenza fondamentale richiesta nella formazione scolastica e anche per la comunicazione personale e professionale. Lo status della lingua italiana come materia scolastica nella scuola di base sembra riflettere la necessità di dare priorità a questo aspetto. Il primo studio PISA, condotto nel 2000, ha rivelato come gli studenti italiani ottengano risultati inferiori alla media OECD per quanto concerne le loro capacità nella lettura. Gli studenti con un background di migrazione ottengono risultati particolarmente bassi. Il dibattito che ne è derivato ha avuto l'effetto di aumentare nell'opinione pubblica la consapevolezza dell'importanza dell'apprendimento linguistico, specialmente nel contesto dell'integrazione sociale. Nell'ultimo studio PISA (2009), gli studenti italiani hanno ottenuto risultati simili a quelli ottenuti nel 2000, il che può essere valutato positivamente dal momento che la media OECD nello stesso periodo si è invece abbassata [10].

3.6 L'ITALIANO SU INTERNET

Si stima che la penetrazione di Internet in Italia si attesti al 51,7%, con 30 milioni di utenti su una popolazione totale di 58 milioni; gli utenti di Internet in Italia sono cresciuti del 127,5% tra il 2000 e il 2010 e rappresentano circa il 6,3% degli utenti di Internet nell'Unione Europea. La percentuale di pagine web in italiano a livello mondiale è raddoppiata passando dall'1,5% nel 1998 al 3,05% nel 2005. È stato stimato che nel 2004 in tutto il mondo ci fossero 30,4 milioni di parlanti italiani online. Al di fuori dei confini dell'Unione Europea, le stime parlano di 520.000 americani, 200.000 svizzeri e 100.000 australiani che accedono a Internet in italiano. Il numero di utenti di Internet italiani negli ultimi cinque anni è rimasto relativamente stabile, mentre il numero di nuovi utenti nei paesi in via di sviluppo è aumentato notevolmente. La conseguenza è che la proporzione di utenti Internet che parlano italiano subirà una diminuzione nel prossimo futuro e l'italiano potrebbe andare incontro al problema di essere sotto rappresentato nel Web, specialmente se paragonato all'inglese. È qui che le tecnologie del linguaggio possono svolgere un ruolo fondamentale per vincere le sfide che aspettano la lingua italiana nell'era digitale.

L'uso massiccio di sistemi interattivi nell'Internet del Futuro richiede tecnologie del linguaggio con un alto livello di adattabilità a parlanti di diverse varietà di italiano.

L'uso massiccio di sistemi interattivi nell'Internet del Futuro richiede tecnologie del linguaggio con un alto livello di adattabilità a parlanti di diverse varietà di italiano. Ciò si ripercuote in primo luogo sulle tecnologie per la trascrizione automatica di dati audio, dal momento che gli accenti regionali variano significativamente, ma ne sono interessate anche tutte le altre tecnologie del linguaggio, in quanto le varietà regionali sono caratterizzate da differenze a tutti i livelli linguistici, dal lessico alla sintassi. La disponibilità di sistemi in grado di supportare le varietà regionali dell'italiano permetterebbe non solo un miglioramento in termini di prestazioni, ma anche un'interazione più naturale tra umani e computer. L'applicazione web più comunemente usata è certamente la ricerca di contenuti, la quale richiede l'elaborazione automatica del linguaggio a vari livelli, come vedremo più in dettaglio nella seconda parte di questo articolo. Essa richiede tecnologie linguistiche sofisticate che differiscono da lingua a lingua (in italiano, ad esempio, è necessario far corrispondere "città" e "citta'"). È anche possibile, tuttavia, che gli utenti di Internet e coloro che pubblicano contenuti sul Web sfruttino le tecnologie linguistiche in un modo meno esplicito, per esempio nel momento in cui esse vengono impiegate per effettuare la traduzione automatica di contenuti web da una lingua all'altra. Considerando i costi della traduzione manuale di tali contenuti, può apparire sorprendente quanto sia limitata la quantità di tecnologie linguistiche effettivamente disponibili, specialmente se paragonata ai bisogni.

D'altra parte, questo risulta meno sorprendente se prendiamo in considerazione la complessità della lingua italiana e la quantità di tecnologie richieste per una tipica applicazione di tecnologie del linguaggio. Nel prossimo capitolo, presentiamo un'introduzione alle tecnologie del linguaggio e ai loro ambiti applicativi principali; proponiamo inoltre una valutazione della situazione attuale di queste tecnologie per la lingua italiana.

4

LE TECNOLOGIE LINGUISTICHE PER L'ITALIANO

Le tecnologie linguistiche sono usate per sviluppare sistemi software progettati per gestire il linguaggio umano e di conseguenza sono spesso chiamate "tecnologia del linguaggio umano". Il linguaggio umano si presenta in forma orale o scritta. Mentre la voce è la forma di comunicazione linguistica più antica e più naturale in termini evolutivi, l'informazione complessa e la maggior parte della conoscenza sono memorizzate e trasmesse in testi scritti. Le tecnologie vocali e testuali elaborano o producono queste diverse forme di linguaggio usando i dizionari, le regole della grammatica e della semantica. Ciò significa che la tecnologia linguistica (TL) collega il linguaggio a varie forme di conoscenza, indipendentemente dal mezzo (discorso o testo) con cui è espressa. La Figura 1 illustra il panorama delle tecnologie linguistiche.

Quando comunichiamo, combiniamo il linguaggio con altri modi di comunicazione e mezzi di informazione – per esempio il parlare può includere gesti ed espressioni facciali. I testi digitali sono collegati a immagini e suoni. I film possono contenere il linguaggio in forma parlata e scritta. In altre parole, le tecnologie vocali e testuali si sovrappongono e interagiscono con altre tecnologie della comunicazione multimodali e multimediali.

In questo capitolo, presenteremo i campi principali di applicazione delle tecnologie linguistiche, ovvero il controllo ortografico e grammaticale di una lingua, la ricerca su Web, la tecnologia vocale, e la traduzione automatica. Queste applicazioni e tecnologie di base includono:

- correzione ortografica
- supporto alla creazione di documenti

- apprendimento linguistico assistito da computer
- *information retrieval*
- estrazione di informazione
- sommarizzazione automatica
- *question answering*
- riconoscimento vocale
- sintesi vocale

L'area di ricerca relativa alle tecnologie del linguaggio dispone di un vasto insieme di letteratura introduttiva; per un approfondimento si rimanda ai seguenti riferimenti bibliografici: [11, 12, 13, 14, 15].

Prima di discutere queste aree di applicazione, descriveremo brevemente l'architettura di un tipico sistema di tecnologie del linguaggio.

4.1 ARCHITETTURE APPLICATIVE

Le applicazioni software per l'elaborazione del linguaggio generalmente sono costituite da più componenti che rispecchiano i diversi aspetti del linguaggio. Sebbene si tratti di applicazioni in genere molto complesse, la Figura 2 mostra un'architettura altamente semplificata di un tipico sistema di elaborazione del testo. I primi tre moduli gestiscono la struttura e il significato del testo in ingresso:

1. *Pre-processing*: prepara i dati, analizza o rimuove il formato, rileva la lingua in ingresso, rileva gli accenti ("città" e "citta'") e gli apostrofi ("dell'UE" e "della UE") per l'italiano, e così via.

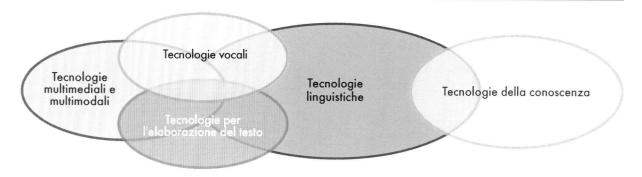

1: Tecnologie linguistiche

2. Analisi grammaticale: riconosce il verbo, i suoi oggetti, modificatori e altre parti del discorso e inoltre rileva la struttura della frase.

3. Analisi semantica: esegue la disambiguazione (cioè assegna un significato appropriato alle parole in base al contesto), risolve l'anafora (cioè quali pronomi si riferiscono a quali sostantivi nella frase) e le espressioni sostitutive, e rappresenta il significato della frase in un formato leggibile da una macchina.

Dopo aver analizzato il testo, dei moduli specifici per un certo compito possono eseguire altre operazioni, come il riassunto automatico e la ricerca in un database.

Dopo aver introdotto le aree chiave della tecnologie linguistiche, nella parte restante di questo capitolo forniremo prima una breve panoramica dello stato attuale della ricerca e della formazione in questo campo e poi un quadro dei programmi di ricerca passati e attuali. Infine, presenteremo una stima esperta degli strumenti e delle risorse che sono fondamentali per l'italiano da diversi punti di vista, quali la disponibilità, la maturità e la qualità. La situazione generale delle tecnologie linguistiche per l'italiano è infine riassunta in Figura 8 alla fine di questo capitolo. Questa tabella elenca tutti gli strumenti e le risorse che sono **evidenziati** nel testo. Le tecnologie linguistiche per l'italiano sono confrontate anche con quelle per le altre lingue facenti parte di questa collana.

4.2 AMBITI APPLICATIVI PRINCIPALI

In questa sezione, ci concentriamo sugli strumenti e le risorse più importanti per le tecnologie linguistiche, per poi passare ad una panoramica delle attività legate alle tecnologie del linguaggio in Italia.

4.2.1 Controllo ortografico e grammaticale

Chiunque abbia usato un editore di testo come Microsoft Word sa che dispone di un correttore ortografico che evidenzia gli errori di ortografia e propone delle correzioni. I primi programmi di correzione ortografica confrontavano una lista di parole estratte con un dizionario di parole scritte correttamente. Oggi questi programmi sono molto più sofisticati. Utilizzando algoritmi dipendenti dalla lingua per l'**analisi grammaticale**, rilevano gli errori relativi alla morfologia (per esempio, la formazione del plurale), così come gli errori relativi alla sintassi, come un verbo mancante o un conflitto di accordo verbo-soggetto contratto (ad esempio, *lei *scrivo una lettera*). Ma la maggior parte dei correttori ortografici non troverà alcun errore nel testo che segue [16]:

- *Per salire in casa occorre fare 15 *scali*
- (Per salire in casa occorre fare 15 *gradini*)

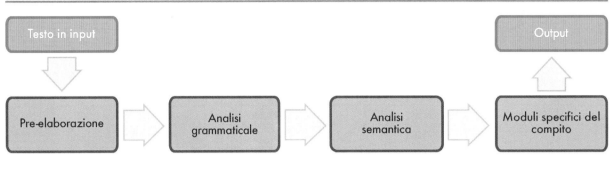

2: Architettura tipica di un'applicazione per l'elaborazione del testo

La gestione di questo tipo di errori di solito richiede un'analisi del contesto. Questo tipo di analisi deve attingere a delle **grammatiche** specifiche per una lingua, faticosamente codificate nel software da parte di esperti, o ad un modello di linguaggio statistico. In quest'ultimo caso, un modello calcola la probabilità di una certa parola di comparire in una determinata posizione (ad esempio, tra le parole che la precedono e la seguono). Ad esempio: *15 gradini* è una sequenza di parole più probabile di *15 scali*. Un modello di linguaggio statistico può essere creato automaticamente utilizzando una grande quantità di dati linguistici (corretti), un cosiddetto **corpus testuale**. La maggior parte di questi approcci sono stati sviluppati sulla base di dati per la lingua inglese. Nessuno dei due approcci può essere facilmente trasferito all'italiano perché la lingua ha un ordine flessibile delle parole e un sistema flessionale più ricco.

Il controllo ortografico e grammaticale non è limitato agli editori di testo, ma è usato anche in "sistemi di supporto alla creazione di documenti", cioè ambienti software con cui sono scritti i manuali e altra documentazione che segue standard particolari per le tecnologie dell'informazione, i prodotti sanitari, l'ingegneria ed altro. Temendo lamentele da parte dei clienti circa l'uso scorretto e richieste di risarcimento per danni dovuti a istruzioni poco chiare, le aziende sono sempre più concentrate sulla qualità della documentazione tecnica, puntando al contempo al mercato internazionale (tramite traduzione o localizzazione). I progressi nella elaborazione del linguaggio naturale hanno portato allo sviluppo di software di supporto alla creazione di documenti, che aiutano l'autore di documentazione tecnica nell'uso di un vocabolario e di una costruzione della frase coerenti con le regole del settore e con le restrizioni terminologiche aziendali.

L'uso del controllo ortografico e grammaticale non è limitato agli editori di testo ma è usato anche nei sistemi di supporto alla creazione di documenti.

Oltre ai correttori ortografici e ai supporti alla creazione di documenti, il controllo grammaticale è importante anche nel campo dell'apprendimento delle lingue assistito da computer. Le applicazioni di controllo grammaticale correggono automaticamente le *query* dei motori di ricerca, come ad esempio nei suggerimenti di Google.

4.2.2 Ricerca nel Web

La ricerca nel Web, nelle intranet o nelle biblioteche digitali è probabilmente l'applicazione di tecnologia del linguaggio oggi più usata, anche se in gran parte ancora poco sviluppata. Il motore di ricerca di Google, che ha iniziato nel 1998, gestisce oggi circa l'80% di tutte le *query* di ricerca [17]. L'interfaccia di ricerca di Google

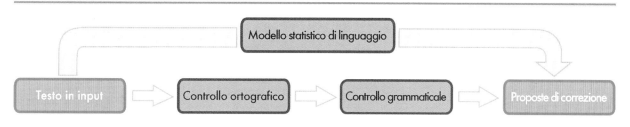

3: Correttore ortografico e grammaticale (sopra: statistica, sotto: a regole)

e la pagina che mostra i risultati non sono significativamente cambiate rispetto alla prima versione. Tuttavia, nella versione attuale Google offre la correzione ortografica per le parole errate e di recente ha incorporato delle funzionalità di base di ricerca semantica che possono migliorare la precisione della ricerca analizzando il significato dei termini in un dato contesto di *query* di ricerca [18]. La storia del successo di Google mostra che grandi quantità di dati unite a tecniche di indicizzazione efficienti sono in grado di fornire risultati soddisfacenti usando un approccio basato sulla statistica.

Per richieste di informazioni più sofisticate, è essenziale integrare delle conoscenze linguistiche più approfondite che consentano l'interpretazione del testo. Esperimenti che hanno utilizzato delle **risorse lessicali** come thesauri elettronici o risorse linguistiche ontologiche (ad esempio, WordNet per l'inglese o ItalWordNet e MultiWordNet per l'italiano) hanno dimostrato dei miglioramenti nella ricerca di pagine utilizzando dei sinonimi dei termini di ricerca originali, come "energia" atomica e "energia nucleare", o termini meno strettamente connessi.

La prossima generazione di motori di ricerca dovrà includere una tecnologia linguistica molto più sofisticata, in particolare per affrontare *query* di ricerca costituite da domande o altri tipi di frase, piuttosto che da un elenco di parole chiave. Per la richiesta *Dammi un elenco di tutte le aziende che sono state rilevate da altre società negli ultimi cinque anni*, è necessaria un'**analisi semantica** oltre a quella sintattica. Il sistema dovrà inoltre fornire un in-

dice per recuperare rapidamente i documenti rilevanti. Una risposta soddisfacente richiederà l'analisi sintattica per analizzare la struttura grammaticale della frase e determinare che l'utente desidera conoscere le aziende che sono state acquisite, e non le società che hanno acquisito altre società. Per l'espressione *gli ultimi cinque anni*, il sistema deve determinare gli anni in questione. E la *query* deve essere confrontata con una quantità enorme di dati non strutturati per trovare la o le informazioni pertinenti che l'utente desidera. Questo processo si chiama *information retrieval*, e implica la ricerca e la classificazione dei documenti rilevanti. Per generare un elenco di società, il sistema deve anche riconoscere che una particolare stringa di parole in un documento è il nome della società, utilizzando un processo chiamato "riconoscimento di entità nominate".

La prossima generazione di motori di ricerca dovrà includere una tecnologia linguistica molto più sofisticata.

Una sfida ancora più impegnativa è far corrispondere una *query* in una lingua con dei documenti in un'altra lingua. Il *cross-lingual information retrieval* comporta tradurre automaticamente la *query* in tutte le lingue di origine possibili e poi di nuovo tradurre i risultati nella lingua di destinazione.

Ora che i dati sono sempre più disponibili in formati non testuali, sono necessari dei servizi che offrano il recupero di informazione multimediale attraverso la ricer-

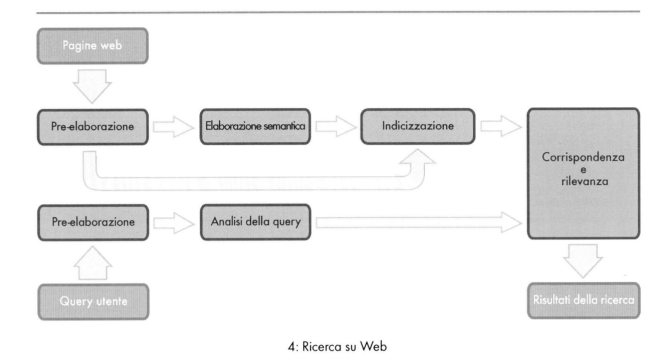

4: Ricerca su Web

ca di immagini, file audio e dati video. Nel caso di file audio e video, un modulo di riconoscimento vocale deve convertire il contenuto parlato in testo (o in una rappresentazione fonetica) che possa poi essere confrontato con una *query* dell'utente.

In Italia, aziende come Expert System e CELI, tra le altre, sviluppano e applicano con successo le tecnologie di ricerca semantica.

4.2.3 Interazione Vocale

L'interazione vocale è una delle molte aree applicative che dipendono dalle tecnologie vocali, ovvero quello tecnologie che consentono l'elaborazione del linguaggio parlato. Le tecnologie per l'interazione vocale sono utilizzate per creare interfacce che consentono agli utenti di interagire in linguaggio parlato anziché usare un display grafico, tastiera e mouse. Oggi, queste interfacce utente vocali (*Voice User Interfaces* – VUI) vengono utilizzate per servizi telefonici completamente o parzialmente automatizzati che vengono forniti dalle società ai clienti, ai dipendenti o ai partner commerciali. I domini

applicativi che si basano massicciamente sulle VUI includono banche, catene di distribuzione, trasporti pubblici, e telecomunicazioni. Altri usi delle tecnologie per l'interazione vocale includono le interfacce dei sistemi di navigazione per auto e l'uso del linguaggio parlato come alternativa alle interfacce grafiche o touch-screen negli smartphone.

L'interazione vocale comprende quattro tecnologie:

1. Il **riconoscimento vocale** automatico (ASR), che determina quali parole sono effettivamente pronunciate in una data sequenza di suoni emessi da un utente.

2. La comprensione del linguaggio naturale analizza la struttura sintattica dell'espressione di un utente e la interpreta secondo il sistema in questione.

3. La gestione del dialogo determina l'azione da intraprendere in base all'input dell'utente e le funzionalità del sistema.

4. La **sintesi vocale** (*text-to-speech* o TTS) trasforma la risposta del sistema in suoni per l'utente.

5: Sistema di dialogo parlato

La tecnologia vocale rappresenta la base per creare delle interfacce che permettano ad un utente di interagire tramite il linguaggio parlato anziché usare uno schermo grafico, tastiera e mouse.

Una delle sfide principali dei sistemi di riconoscimento vocale consiste nel riconoscere con precisione le parole pronunciate da un utente. Questo significa limitare la gamma di espressioni possibili degli utenti ad un insieme limitato di parole chiave, oppure creare manualmente dei modelli di linguaggio che coprano una vasta gamma di espressioni in linguaggio naturale. Utilizzando tecniche di *machine learning*, dei modelli di linguaggio possono essere generati anche automaticamente da **corpora di parlato**, ovvero grandi raccolte di file audio vocali e trascrizioni testuali. Limitare le espressioni di solito costringe le persone a utilizzare l'interfaccia utente vocale in modo rigido e può pregiudicare l'accettazione da parte dell'utente, ma la creazione, l'adattamento e la manutenzione di modelli di linguaggio ricchi aumentano sensibilmente i costi. Le interfacce vocali che utilizzano modelli linguistici e permettono inizialmente all'utente di esprimere le proprie intenzioni in modo più flessibile – per esempio tramite un saluto introduttivo come *Come posso aiutarla?* – tendono ad essere automatizzate e sono accettate meglio dagli utenti.

Le aziende tendono ad usare delle espressioni preregistrate da attori professionisti per generare l'output dell'interfaccia utente vocale. Per espressioni statiche in cui la formulazione non dipende da contesti d'uso particolari o da dati personali, questo può offrire un'esperienza più ricca per l'utente. Tuttavia, i contenuti più dinamici in un enunciato potrebbero essere compromessi da un'intonazione innaturale derivante dalla semplice combinazione di frammenti di file audio. I sistemi di sintesi vocale attuali sono in continuo miglioramento (anche se possono essere ancora ottimizzati) nel produrre espressioni dinamiche che suonino naturali.

Nel mercato dell'interazione vocale le interfacce sono state notevolmente standardizzate negli ultimi dieci anni in termini di componenti tecnologici vari. C'è stato anche un forte consolidamento nel mercato del riconoscimento vocale e della sintesi vocale. I mercati nazionali dei paesi del G20 (paesi economicamente resilienti e intensamente popolati) sono stati dominati da sole cinque figure di livello mondiale, con Nuance (USA) e Loquendo (Italia) a rappresentare le figure più importanti in Europa. Nel 2011, Nuance ha completato l'acquisizione di Loquendo, definendo così un ulteriore passo avanti nel consolidamento del mercato.

Nel mercato del riconoscimento vocale automatico per la lingua italiana, ci sono anche aziende più piccole come PerVoice, Cedat85 e Synthema. Per quanto riguarda la tecnologia e il know-how della gestione del dialogo, il mercato è dominato da operatori nazionali per le PMI. In Italia, questi includono IM Service Lab. Piuttosto che fare affidamento su un modello produttivo basati su licenze software, queste aziende sono posizionate principalmente come fornitori di servizi completi che creano interfacce utente vocali come parte di un servizio di integrazione di sistema. Nel settore della tecnologia interattiva, non vi è ancora un vero mercato per tecnologie di base basate su analisi sintattica e semantica.

La domanda di interfacce utente vocali in Italia è cresciuta rapidamente negli ultimi cinque anni, trainata dalla richiesta crescente di servizi self-service da parte dei clienti e dalla crescente accettazione del linguaggio parlato come mezzo per l'interazione uomo-macchina.

Guardando al futuro, ci saranno cambiamenti significativi dovuti alla diffusione degli smartphone quale nuova piattaforma per la gestione delle relazioni con i clienti in aggiunta ai telefoni fissi, Internet e posta elettronica. Questo influirà anche sul modo in cui è usata la tecnologia vocale. Nel lungo periodo, ci saranno sempre meno interfacce vocali basate sul telefono e il linguaggio parlato avrà un ruolo molto più centrale come modalità di accesso per gli smartphone. Questo sarà in gran parte determinato dai miglioramenti intervenuti nell'accuratezza del riconoscimento vocale indipendente dal parlante attraverso i servizi di dettatura vocale già offerti come servizi centralizzati agli utenti di smartphone.

4.2.4 Traduzione automatica

L'idea di utilizzare i computer per tradurre le lingue naturali risale al 1946 ed è stata seguita da cospicui finanziamenti per la ricerca durante gli anni '50 e nuovamente negli anni '80. Eppure la **traduzione automatica** (*Machine Translation*, MT) non è ancora in grado di mantenere la sua promessa iniziale.

Nella traduzione automatica, l'approccio più semplice consiste nel sostituire automaticamente le parole di un testo in una certa lingua naturale con parole in un'altra lingua. Questo può essere utile in ambiti che hanno un linguaggio molto limitato e stereotipato, come le previ-

sioni meteo. Ma per produrre una buona traduzione di testi meno standardizzati, o per unità di testo più grandi (come sintagmi, frasi o anche interi passaggi), devono essere trovati gli omologhi migliori nella lingua di arrivo.

Ad un livello base, la traduzione automatica consiste semplicemente nella sostituzione di parole in una lingua con parole in un'altra lingua.

La difficoltà maggiore è che il linguaggio umano è ambiguo. L'ambiguità crea problemi su più livelli, ad esempio a livello lessicale (la parola inglese *jaguar* può essere tradotta come una marca di auto o come un animale) o a livello sintattico, per esempio:

- The chicken is ready *to eat*.
- [Il pollo è pronto *a mangiare*.]
- [Il pollo è pronto *per essere mangiato*.]

Un modo di costruire un sistema di MT consiste nell'utilizzare delle regole linguistiche. Per le traduzioni tra lingue molto simili, una traduzione diretta basata sulla sostituzione può essere fattibile in casi come quello dell'esempio precedente. Tuttavia, i sistemi basati su regole (o basati sulla conoscenza linguistica) spesso analizzano il testo in input e creano una rappresentazione simbolica intermedia da cui il testo può essere generato nella lingua di destinazione. Il successo di questi metodi è fortemente dipendente dalla disponibilità di grandi lessici dotati di informazioni morfologiche, sintattiche e semantiche, e di grandi insiemi di regole grammaticali attentamente progettate da linguisti esperti. Questo è un processo molto lungo e di conseguenza costoso.

L'interesse per i modelli statistici nella traduzione automatica è cresciuto verso la fine degli anni '80, quando la potenza di calcolo è aumentata ed è diventata meno costosa. I modelli statistici sono derivati dall'analisi di

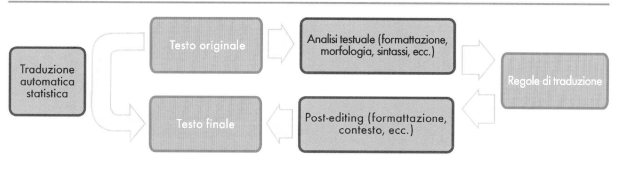

6: Traduzione automatica (a sinistra: statistico, a destra: a regole)

corpora testuali bilingui, come il **corpus parallelo** Europarl, che raccoglie gli atti del Parlamento europeo in 21 lingue europee. Con una quantità sufficiente di dati, la traduzione automatica statistica funziona abbastanza bene da ricavare un significato approssimativo di un testo in una lingua straniera, elaborando versioni parallele e trovando delle sequenze di parole plausibili. Ma a differenza dei sistemi basati sulla conoscenza, la traduzione automatica statistica (o *data-driven*) spesso genera un risultato sgrammaticato. La traduzione automatica *data-driven* è vantaggiosa perché richiede uno sforzo umano minore, e può anche trattare particolarità speciali del linguaggio (ad esempio, le espressioni idiomatiche) che possono essere ignorate da sistemi basati sulla conoscenza.

I punti di forza e di debolezza della traduzione automatica basata sulla conoscenza e di quella *data-driven* tendono ad essere complementari, di modo che al giorno d'oggi i ricercatori si concentrano su approcci ibridi che combinano entrambe le metodologie. Un approccio particolare utilizza sia sistemi basati sulla conoscenza che *data-driven*, con un modulo di selezione che decide la migliore uscita per ogni frase. Tuttavia, i risultati per frasi più lunghe di 12 parole saranno spesso ben lontani dall'essere perfetti. Una soluzione più soddisfacente consiste nel combinare le parti migliori di ogni frase da più uscite diverse; la cosa può essere piuttosto complessa, in quanto non è sempre evidente quali siano le parti

corrispondenti di alternative multiple, che devono essere allineate.

La traduzione automatica è particolarmente impegnativa per la lingua italiana.

La traduzione automatica è particolarmente impegnativa per la lingua italiana, che è morfologicamente complessa ed ha un ordine libero delle parole nella frase. Ci sono alcune aziende in Italia attive nel settore della traduzione automatica, soprattutto nella fornitura di servizi per usi professionali (ad esempio, Translated).

L'uso della traduzione automatica può aumentare la produttività in modo significativo, ammesso che il sistema sia adattato in modo intelligente alla terminologia specifica per l'utente e integrato nel flusso di lavoro. Sono stati sviluppati dei sistemi speciali per supportare la traduzione interattiva.

Il potenziale di miglioramento della qualità dei sistemi di traduzione automatica è ancora enorme. Le sfide attuali riguardano l'adattamento delle risorse linguistiche a un dominio o argomento determinato e l'integrazione della tecnologia nei flussi di lavoro che dispongono già di database di termini e memorie di traduzione. Un altro problema è che la maggior parte dei sistemi attuali sono incentrati sull'inglese e supportano solo alcune lingue da e verso l'italiano. Questo comporta una frizione nel flusso di lavoro di traduzione e costringe gli utenti

| | Lingua target – Target language | | | | | | | | | | | | | | | | | | | | | |
	EN	BG	DE	CS	DA	EL	ES	ET	FI	FR	HU	IT	LT	LV	MT	NL	PL	PT	RO	SK	SL	SV
EN	–	40.5	46.8	52.6	50.0	41.0	55.2	34.8	38.6	50.1	37.2	50.4	39.6	43.4	39.8	52.3	49.2	55.0	49.0	44.7	50.7	52.0
BG	61.3	–	38.7	39.4	39.6	34.5	46.9	25.5	26.7	42.4	22.0	43.5	29.3	29.1	25.9	44.9	35.1	45.9	36.8	34.1	34.1	39.9
DE	53.6	26.3	–	35.4	43.1	32.8	47.1	26.7	29.5	39.4	27.6	42.7	27.6	30.3	19.8	50.2	30.2	44.1	30.7	29.4	31.4	41.2
CS	58.4	32.0	42.6	–	43.6	34.6	48.9	30.7	30.5	41.6	27.4	44.3	34.5	35.8	26.3	46.5	39.2	45.7	36.5	43.6	41.3	42.9
DA	57.6	28.7	44.1	35.7	–	34.3	47.5	27.8	31.6	41.3	24.2	43.8	29.7	32.9	21.1	48.5	34.3	45.4	33.9	33.0	36.2	47.2
EL	59.5	32.4	43.1	37.7	44.5	–	54.0	26.5	29.0	48.3	23.7	49.6	29.0	32.6	23.8	48.9	34.2	52.5	37.2	33.1	36.3	43.3
ES	60.0	31.1	42.7	37.5	44.4	39.4	–	25.4	28.5	51.3	24.0	51.7	26.8	30.5	24.6	48.8	33.9	57.3	38.1	31.7	33.9	43.7
ET	52.0	24.6	37.3	35.2	37.8	28.2	40.4	–	37.7	33.4	30.9	37.0	35.0	36.9	20.5	41.3	32.0	37.8	28.0	30.6	32.9	37.3
FI	49.3	23.2	36.0	32.0	37.9	27.2	39.7	34.9	–	29.5	27.2	36.6	30.5	32.5	19.4	40.6	28.8	37.5	26.5	27.3	28.2	37.6
FR	64.0	34.5	45.1	39.5	47.4	42.8	60.9	26.7	30.0	–	25.5	56.1	28.3	31.9	25.3	51.6	35.7	61.0	43.8	33.1	35.6	45.8
HU	48.0	24.7	34.3	30.0	33.0	25.5	34.1	29.6	29.4	30.7	–	33.5	29.6	31.9	18.1	36.1	29.8	34.2	25.7	25.6	28.2	30.5
IT	61.0	32.1	44.3	38.9	45.8	40.6	26.9	25.0	29.7	52.7	24.2	–	29.4	32.6	24.6	50.5	35.2	56.5	39.3	32.5	34.7	44.3
LT	51.8	27.6	33.9	37.0	36.8	26.5	21.1	34.2	32.0	34.4	28.5	36.8	–	40.1	22.2	38.1	31.6	31.6	29.3	31.8	35.3	35.3
LV	54.0	29.1	35.0	37.8	38.5	29.7	8.0	34.2	32.4	35.6	29.3	38.9	38.4	–	23.3	41.5	34.4	39.6	31.0	33.3	37.1	38.0
MT	72.1	32.2	37.2	37.9	38.9	33.7	48.7	26.9	25.8	42.4	22.4	43.7	30.2	33.2	–	44.0	37.1	45.9	38.9	35.8	40.0	41.6
NL	56.9	29.3	46.9	37.0	45.4	35.3	49.7	27.5	29.8	43.4	25.3	44.5	28.6	31.7	22.0	–	32.0	47.7	33.0	30.1	34.6	43.6
PL	60.8	31.5	40.2	44.2	42.1	34.2	46.2	29.2	29.0	40.0	24.5	43.2	33.2	35.6	27.9	44.8	–	44.1	38.2	38.2	39.8	42.1
PT	60.7	31.4	42.9	38.4	42.8	40.2	60.7	26.4	29.2	53.2	23.8	52.8	28.0	31.5	24.8	49.3	34.5	–	39.4	32.1	34.4	43.9
RO	60.8	33.1	38.5	37.8	40.3	35.6	50.4	24.6	26.2	46.5	25.0	44.8	28.4	29.9	28.7	43.0	35.8	48.5	–	31.5	35.1	39.4
SK	60.8	32.6	39.4	48.1	41.0	33.3	46.2	29.8	28.4	39.4	27.4	41.8	33.8	36.7	28.5	44.4	39.0	43.3	35.3	–	42.6	41.8
SL	61.0	33.1	37.9	43.5	42.6	34.0	47.0	31.1	28.8	38.2	25.7	42.3	34.6	37.3	30.0	45.9	38.2	44.1	35.8	38.9	–	42.7
SV	58.5	26.9	41.0	35.6	46.6	33.3	46.6	27.4	30.9	38.9	22.7	42.0	28.2	31.0	23.7	45.6	32.2	44.2	32.7	31.3	33.5	–

*7: Traduzione automatica tra 22 lingue dell'UE – Machine translation between 22 EU-languages [19]

dei sistemi di traduzione automatica ad apprendere l'uso di strumenti diversi di codifica dei lessici per sistemi diversi.

Le campagne di valutazione aiutano a confrontare la qualità dei sistemi di traduzione automatica, i diversi approcci e lo stato dei sistemi per coppie di lingue diverse. La Figura 7 (p. 22), che è stata preparata durante il progetto europeo Euromatrix +, mostra le prestazioni ottenute per coppie di lingue su 22 delle 23 lingue ufficiali dell'UE (l'irlandese non è stato confrontato). I risultati sono classificati in base al punteggio BLEU, che assegna punteggi più alti alle traduzioni migliori [20] (un traduttore umano raggiungerebbe un punteggio di circa 80 punti).

I risultati migliori (in verde e blu) sono stati raggiunti da quelle lingue che beneficiano di un notevole sforzo di ricerca in programmi coordinati e dell'esistenza di molti corpora paralleli (ad esempio, inglese, francese, olandese, spagnolo e tedesco). Le lingue con risultati inferiori sono contrassegnate in rosso. Per queste lingue mancano sforzi di sviluppo analoghi oppure si tratta di lingue strutturalmente molto diverse dalle altre (ad esempio, l'ungherese, il maltese e il finlandese).

4.3 ALTRE AREE APPLICATIVE

La creazione di applicazioni di tecnologia linguistica comporta una serie di attività secondarie che non sempre affiorano al livello di interazione con l'utente, ma forniscono funzionalità di servizio cruciali del sistema in questione. Tutte rappresentano importanti temi di ricerca che ora si sono evoluti in sotto-discipline indipendenti della linguistica computazionale. Il *question answering*, per esempio, è un'area di ricerca molto attiva, per la quale sono stati costruiti dei corpora annotati e sono state avviate delle competizioni scientifiche. L'idea alla base del *question answering* è di andare oltre la ricerca basata su parole chiave (in cui il motore di ricerca risponde fornendo una raccolta di documenti potenzialmente rilevanti) e consentire agli utenti di fare una domanda concreta a cui il sistema fornisce una sola risposta. Per esempio:

Domanda: Quanti anni aveva Neil Armstrong quando andò sulla luna?
Risposta: 38.

Anche se il *question answering* è ovviamente correlato al settore della ricerca sul web, oggi è considerato un termine generico che ricomprende temi di ricerca quali i diversi tipi di domande possibili e come dovrebbero essere trattati, il modo di analizzare e confrontare un insieme di documenti che potenzialmente contengono la risposta (forniscono risposte contraddittorie?), e il modo per estrarre in modo attendibile delle informazioni specifiche (la risposta) da un documento senza ignorare il contesto.

Le applicazioni di tecnologia linguistica spesso forniscono delle funzionalità di servizio importanti ricomprese in sistemi software più ampi.

Il *question answering* è a sua volta connesso con l'estrazione di informazioni (*information extraction*, IE), un settore estremamente popolare ed influente al momento della svolta statistica della linguistica computazionale, nei primi anni '90. L'*information extraction* si propone di identificare delle informazioni specifiche in specifiche classi di documenti, come ad esempio identificare gli attori-chiave in acquisizioni aziendali riportate in articoli di giornale. Un altro scenario comune che è stato studiato sono i rapporti sugli incidenti terroristici. Qui il problema consiste nel far coincidere il testo con un modello che specifica l'autore, l'obiettivo, l'ora, il luogo e i

risultati dell'incidente. Il riempimento di modelli calibrato su un dominio specifico è la caratteristica centrale dell'*information extraction*; questo la rende un altro esempio di quelle tecnologie "dietro le quinte" che costituiscono una ben delimitata area di ricerca che in pratica ha bisogno di essere integrata in un ambiente applicativo adatto. La sommarizzazione automatica e la **generazione di testo** sono due aree di confine che possono sia agire come applicazioni indipendenti che giocare un ruolo di supporto. La sommarizzazione tenta di presentare gli elementi essenziali di un testo lungo in forma abbreviata, ed è una delle funzionalità disponibili in Microsoft Word. Si utilizza per lo più un approccio statistico per identificare le parole "importanti" in un testo (per esempio, parole che compaiono molto di frequente nel testo in questione, ma meno di frequente nell'uso generale) e determinare quali frasi contengono la maggior parte di queste parole "importanti". Queste frasi vengono poi estratte e messe insieme per creare il riassunto. In questo scenario commerciale molto comune, la sommarizzazione è semplicemente una forma di estrazione di frasi, e il testo è ridotto a un sottoinsieme delle sue frasi. Un approccio alternativo, per il quale sono state svolte alcune ricerche, consiste nel generare frasi nuove che non esistono nel testo di partenza. Questo richiede una comprensione più profonda del testo, il che significa che fino ad ora questo approccio è molto meno robusto. Un generatore di testo viene raramente utilizzato come applicazione indipendente; il più delle volte è inserito in un ambiente software più ampio, come ad esempio un sistema informativo clinico che raccoglie, memorizza ed elabora i dati dei pazienti. La creazione di rapporti è solo una delle molte applicazioni della sommarizzazione automatica.

La ricerca nelle tecnologie di testo descritte è molto meno sviluppata per la lingua italiana che per la lingua inglese. *Question answering*, *information extraction* e sommarizzazione automatica sono stati al centro di numerose competizioni negli Stati Uniti dal 1990, principalmente organizzate da organizzazioni governative quali DARPA e NIST.

> Per la lingua italiana la ricerca nelle tecnologie di testo descritte è molto meno sviluppata che per la lingua inglese.

Queste competizioni hanno notevolmente migliorato lo stato dell'arte, ma la loro attenzione è stata principalmente sulla lingua inglese. Come risultato, in italiano ci sono meno corpora annotati o altre risorse speciali necessarie per svolgere questi compiti. I sistemi di sommarizzazione basati su metodi puramente statistici sono in gran parte indipendenti dalla lingua e sono disponibili alcuni prototipi di ricerca. Per la generazione del testo, i componenti riutilizzabili sono tradizionalmente limitati ai moduli di realizzazione superficiale (grammatiche di generazione) e la maggior parte del software disponibile è per la lingua inglese.

4.4 PROGRAMMI FORMATIVI

Le tecnologie linguistiche costituiscono un campo altamente interdisciplinare che include le competenze combinate, fra gli altri, di linguisti, informatici, matematici, filosofi, psicolinguisti e neuroscienziati. Di conseguenza, questo campo di studi non ha acquisito una esistenza chiara e indipendente nel sistema universitario italiano. Per quanto concerne i curricula universitari, segnaliamo il "Master Internazionale di secondo livello in Tecnologie del Linguaggio Umano e Interfacce" presso l'Università di Trento e il "Master Europeo in Tecnologie del Linguaggio e della Comunicazione" presso la Libera Università di Bolzano. Inoltre a livello di laurea e di dottorato di ricerca sono attivi almeno altri 16 curricula collegati alle tecnologie del linguaggio (in particolare presso le Università di Venezia, Torino, Pavia, Pisa, Roma "Tor Vergata", Napoli e Bari), per un totale di almeno

76 corsi universitari riguardanti questo campo in Italia, includendo quelli che fanno riferimento a percorsi di Informatica Umanistica.

4.5 PROGETTI E INIZIATIVE NAZIONALI

La presenza "digitale" di una lingua in applicazioni e servizi basati su Internet è ormai un elemento cruciale per mantenere la vitalità culturale di quella lingua. E, d'altra parte, applicazioni e servizi su Internet sono sostenibili solo in presenza di adeguate infrastrutture e tecnologie. Per quanto riguarda l'italiano, sebbene la situazione non possa essere paragonata a quella dell'inglese, a partire dal 1997 è stato fatto uno sforzo considerevole in Italia nella ricerca sulle tecnologie del linguaggio, quando per questo settore è stata designata una politica di ricerca nazionale con il lancio di due progetti della durata di tre anni:

- TAL, Infrastruttura Nazionale per le risorse Linguistiche nel campo del Trattamento Automatico del Linguaggio Naturale Scritto e Parlato, finanziato dal governo italiano per circa 1,75 milioni di Euro;
- LRCMM, rivolto alla ricerca nel campo della linguistica computazionale, sia monolingue che multilingue, finanziato per circa 3 milioni di Euro.

I finanziamenti a livello nazionale però sono molto limitati. Il lancio dei due progetti sopra menzionati è stato seguito, recentemente, soltanto dal finanziamento di due progetti di dimensioni minori: MIUR-PARLI, per l'armonizzazione delle risorse computazionali esistenti per l'italiano, e MIUR-PAISÀ, per la realizzazione di una piattaforma per l'apprendimento dell'italiano su corpora annotati.

La produzione di tecnologie per il linguaggio e di risorse linguistiche per l'italiano è principalmente il risultato di vari progetti di ricerca finanziati dall'Unione Europea e di altre iniziative. Grazie a questi investimenti sono ora disponibili diversi database lessicali, nonché corpora di linguaggio scritto e parlato con annotazioni a diversi livelli (caratteristiche fonetiche, categorie grammaticali, costruzioni sintattiche, menzioni testuali di persone, organizzazioni e luoghi, ecc.) realizzate manualmente o automaticamente. Lo stesso vale per strumenti software in grado di effettuare l'analisi linguistica di testi in italiano (ad esempio annotatori di categorie grammaticali, analizzatori sintattici e riconoscitori di entità nominate) di riconoscere il parlato o di tradurre automaticamente testi da e verso l'italiano.

La ricerca nel campo delle tecnologie del linguaggio è condotta in Italia in oltre 15 laboratori (secondo quanto riportato dallo studio EUROMAP) e la presenza italiana nella comunità di ricerca internazionale è attiva e rilevante. La comunità italiana ha ospitato alcuni importanti eventi, tra cui l'undicesima edizione della "Conference of the European Chapter of the Association for Computational Linguistics" (EACL 2006) a Trento, la dodicesima "Annual Conference of the International Speech Communication Association" (Interspeech 2011) a Firenze, e nel 2006, a Genova, la quinta edizione della "International Conference on Language Resources and Evaluation", nella cui organizzazione la comunità italiana ha un ruolo di primo piano. Diversi gruppi italiani sono attualmente coinvolti con ruoli di coordinamento in progetti di networking internazionale, in particolare a livello europeo: menzioniamo CLEF – Cross Language Evaluation Forum [21], e FLaReNet, una rete di eccellenza che promuove una rete internazionale per le risorse linguistiche [22]. Secondo una recente indagine condotta da META-NET [23], sono attualmente in corso sette progetti nazionali e sei progetti europei coordinati da partner italiani. Dal 2003 è inoltre attivo CELCT [24], il Centro per la valutazione delle tecnologie del linguaggio e della comunicazione, con sede a Trento. Nell'ambito dell'Associazione Italiana per l'Intelligenza Artificiale (AI*IA) [25]), il gruppo di interesse sull'Elabo-

razione del Linguaggio Naturale è il punto di riferimento scientifico per la comunità di ricerca italiana. L'italiano è incluso in molte iniziative internazionali per la valutazione delle tecnologie del linguaggio. CLEF, per esempio, ha reso disponibili *dataset* in lingue diverse per l'organizzazione di task multilingui che includono l'italiano (per esempio, sul *Question Answering*). Evalita [26], una campagna di valutazione delle tecnologie del linguaggio sia parlato che scritto, specifica per la lingua italiana, è stata organizzata ogni due anni a partire dal 2007. La comunità che si occupa del linguaggio parlato è rappresentata dalla Associazione Italiana di Scienze della Voce (AISV) [27]. Infine, il Forum Tal [28], che ha realizzato il "Libro Bianco" sulle tecnologie del linguaggio in Italia e organizzato tre edizioni della conferenza TAL, svolge un ruolo importante nella promozione e diffusione di tali tecnologie, in particolare nei confronti della Pubblica Amministrazione italiana. Nonostante i successi ottenuti nel campo delle tecnologie del linguaggio per l'italiano, lo stato attuale delle tecnologie non è sufficiente a garantire all'italiano una dimensione digitale proporzionata alla richiesta delle applicazioni e dai servizi dell'Internet del Futuro. Nei prossimi decenni la comunità italiana deve, da un lato, proseguire i propri sforzi nella ricerca di base, ma dall'altro ha la necessità di sviluppare tecnologie per l'italiano in grado di tenere il passo con le dimensioni dei dati disponibili sull'Internet del Futuro. Inoltre, tutti potranno potenzialmente accedere ai servizi web, perciò le tecnologie del linguaggio coinvolte nel fornire questi servizi in lingua italiana dovranno essere in grado di gestire le varianti di italiano regionale prodotte dai diversi parlanti.

4.6 DISPONIBILITÀ DI STRUMENTI E RISORSE

La Figura 8 fornisce una valutazione delle tecnologie del linguaggio esistenti per la lingua italiana. Esperti del set-

	Quantità	Disponibilità	Qualità	Copertura	Maturità	Sostenibilità	Adattabilità
Tecnologie Linguistiche: Strumenti, Tecnologie e Applicazioni							
Riconoscimento vocale	2	2	6	5	4.5	3	3
Sintesi vocale	3	3	5	5	4	3.5	4
Analisi grammaticale	3.5	3	4	5	4	3	2
Analisi semantica	2.5	2.5	3.5	4	3	2.5	2.5
Generazione di testo	0	0	0	0	0	0	0
Traduzione automatica	4	3.5	4	3	4	3.5	2.5
Risorse Linguistiche: Risorse, Dati e Basi di Conoscenza							
Corpora testuali	2.5	2.5	4	3.5	3.5	2.5	2
Corpora di parlato	3	3	4	2.5	2.5	2	2
Corpora paralleli	2	2	4	3	4	3	2
Risorse lessicali	3.5	3.5	5	5	5	2.5	2.5
Grammatiche	2	2	4	4	3	2	2

8: Stato di avanzamento delle tecnologie linguistiche per l'italiano

tore hanno fornito delle stime basate su una scala da 0 (molto basso) a 6 (molto alto) usando sette criteri.

I principali risultati per quanto riguarda le tecnologie del linguaggio per l'italiano sono i seguenti:

- L'elaborazione del parlato attualmente sembra essere più matura rispetto all'elaborazione dello scritto. Le tecnologie del parlato infatti sono già state integrate con successo in molteplici applicazioni di uso quotidiano, quali sistemi di dialogo, interfacce basate sulla voce e sistemi di navigazione per i cellulari e le automobili.

- La ricerca ha portato con successo alla sviluppo di software di qualità medio alta per l'analisi di base del testo, come strumenti per l'analisi morfologica e sintattica. Tuttavia, le tecnologie avanzate che richiedono elaborazione linguistica sofisticata e conoscenza

semantica sono ancora agli inizi.

- Per quanto riguarda le risorse, per l'italiano esiste un vasto corpus di testi di riferimento (in cui sono presenti vari generi in proporzioni bilanciate), ma tale corpus non è accessibile facilmente per questioni di copyright; risulta più facile accedere a corpora non bilanciati. Sono disponibili diversi corpora annotati con strutture sintattiche, con strutture semantiche, o anche con strutture del discorso. Anche in questo caso, però, non esiste un numero sufficiente di corpora contenenti il tipo di annotazione richiesta per far fronte al crescente bisogno di informazione linguistica e semantica più complessa.

- In particolare, sono quasi assenti corpora paralleli, che costituiscono la base per gli approcci statistici e ibridi per la traduzione automatica. Attualmente, la traduzione dall'italiano all'inglese è quella che funziona meglio, poiché per questa coppia di lingue esiste una quantità maggiore di testi paralleli.

- Molti degli strumenti, delle risorse e dei formati di dati disponibili non raggiungono gli standard industriali e non possono essere sostenuti in modo efficace. Sono quindi necessari programmi concertati per standardizzare i formati dei dati e le API.

- Una situazione legale non chiara pone limiti all'uso dei testi digitali (per esempio, quelli pubblicati in rete dai giornali) per la ricerca nel campo della linguistica empirica e della tecnologia del linguaggio, come per esempio l'addestramento di modelli linguistici statistici. Insieme ai politici e agli addetti al settore, i ricercatori dovrebbero cercare di stabilire leggi o regolamenti che diano la possibilità ai ricercatori di utilizzare i testi disponibili pubblicamente per attività di ricerca e sviluppo relative al linguaggio.

- La cooperazione tra la comunità delle tecnologie del linguaggio e quelle coinvolte nel Web Semantico e nel movimento *Linked Open Data* dovrebbe essere intensificata allo scopo di realizzare una base di conoscenza digitale che venga mantenuta in maniera collaborativa, e che possa essere usata sia nei sistemi informativi basati sul web, sia come una base di conoscenza semantica in applicazioni di tecnologie linguistiche. Questo sforzo dovrebbe essere indirizzato in direzione multilingue su scala europea.

In diverse aree specifiche della ricerca sulla lingua italiana, attualmente sono disponibili software con funzionalità limitate. Ovviamente, sono necessari ulteriori sforzi da parte della ricerca per risolvere il deficit relativo all'analisi del testo a un livello semantico più profondo e per sopperire alla mancanza di risorse quali i corpora paralleli, necessari per la traduzione automatica.

4.7 CONFRONTO FRA LE LINGUE

Lo stato attuale delle tecnologie linguistiche varia considerevolmente da una comunità linguistica ad un'altra. Al fine di paragonare la situazione tra le diverse lingue, in questa sezione presentiamo una valutazione a campione basata su due aree applicative (la traduzione automatica e l'elaborazione del parlato), una tecnologia di base (l'analisi del testo), e le risorse di base necessarie per costruire applicazioni di tecnologie linguistiche.

Le lingue sono state raggruppate in base ad una tabella a cinque punti:

1. Supporto eccellente
2. Buon supporto
3. Supporto medio
4. Supporto frammentario
5. Supporto debole o assente

Il supporto per le tecnologie linguistiche è stato misurato in base ai criteri seguenti:

Elaborazione del parlato: qualità delle tecnologie di riconoscimento vocale esistenti, qualità delle tecnologie di sintesi vocale esistenti, copertura dei domini, numero e dimensioni dei corpora di parlato esistenti, quantità e varietà delle applicazioni vocali esistenti.

Traduzione automatica: qualità delle tecnologie di traduzione automatica esistenti, numero delle coppie di lingue trattate, copertura di fenomeni e domini linguistici, qualità e dimensioni dei corpora paralleli esistenti, quantità e varietà delle applicazioni di traduzione automatica disponibili.

Analisi del testo: qualità e copertura delle tecnologie di analisi del testo esistenti (morfologia, sintassi, semantica), copertura di fenomeni e domini linguistici, quantità e varietà delle applicazioni disponibili, qualità e dimensioni dei corpora (annotati) esistenti, qualità e copertura delle risorse lessicali (ad es. WordNet) e delle grammatiche esistenti.

Risorse: qualità e dimensioni dei corpora testuali, di parlato e paralleli esistenti, qualità e copertura delle risorse lessicali e delle grammatiche esistenti.

Le Figure 9-12 mostrano come lo stato attuale delle tecnologie linguistiche per la lingua italiana sia migliore rispetto alla maggior parte delle altre lingue, grazie ai finanziamenti su larga scala ottenuti negli ultimi decenni. La situazione è paragonabile a quella di lingue con un numero di parlanti simile, come ad esempio il tedesco. Tuttavia le risorse e gli strumenti per l'italiano sono ancora lontani dal raggiungere la qualità e la copertura delle risorse e degli strumenti corrispondenti disponibili per l'inglese. Inoltre, rispetto alle risorse linguistiche per l'inglese, esistono ancora molte lacune anche per quanto riguarda le applicazioni di alta qualità.

Per l'elaborazione del parlato, le tecnologie disponibili attualmente hanno prestazioni sufficientemente buone per essere integrate con successo in diverse applicazioni industriali, come ad esempio i dialoghi vocali e i sistemi di dettatura. I componenti e le risorse linguistiche per l'analisi testuale sono già in grado di coprire gran parte dei fenomeni linguistici dell'italiano e sono utilizzati per molte applicazioni che includono principalmente l'elaborazione del linguaggio naturale di base, come per esempio la correzione ortografica e il supporto alla creazione di documenti.

Tuttavia, al fine di creare applicazioni più sofisticate come la traduzione automatica permane un evidente bisogno di risorse e di tecnologie che coprano una più ampia gamma di aspetti linguistici e che rendano possibile un'analisi semantica profonda del testo in input. Migliorando la qualità e la copertura di queste risorse di base, dovremo essere in grado di aprire nuove opportunità per trattare uno spettro più ampio di aree applicative avanzate, tra cui la traduzione automatica di alta qualità.

4.8 CONCLUSIONI

In questa collana di Libri Bianchi abbiamo cercato di valutare lo stato delle tecnologie del linguaggio per 30 lingue europee confrontandole a livello generale. Una volta identificate le lacune, le necessità e le mancanze, la comunità europea delle tecnologie del linguaggio sarà ora in grado di delineare un programma di ricerca e di sviluppo su larga scala che miri a creare una comunicazione davvero multilingue in Europa, in grado di sfruttare appieno la tecnologia disponibile.

I risultati di questa collana di Libri Bianchi mostrano come vi sia una differenza enorme nelle tecnologie del linguaggio disponibili per le diverse lingue europee. Per alcune lingue e per alcune aree applicative esistono software di buona qualità e sono disponibili molte risorse linguistiche, ma nel caso di altre lingue, di solito lingue 'minori', sono state riscontrate considerevoli lacune. Per molte lingue mancano sia le tecnologie di base per l'analisi dei testi sia le risorse essenziali. Altre lingue possiedono strumenti e risorse di base ma non sono tuttora in grado di investire, per esempio, nell'analisi semantica. Per questa ragione è necessario fare ancora uno sforzo su larga scala per poter raggiungere l'ambizioso obiettivo di offrire tecnologie linguistiche di alta qualità per tutte le lingue europee.

Nel caso della lingua italiana, possiamo considerarci cautamente ottimisti per quanto riguarda lo stato attuale delle tecnologie del linguaggio. Grazie al contributo di grandi programmi di ricerca nel passato, oggi in Italia esiste una vivace comunità di ricerca e sono state create tecnologie allo stato dell'arte per l'italiano. Tuttavia, le risorse e gli strumenti sono ancora piuttosto limitati se paragonati all'inglese, e sono semplicemente insufficienti come qualità e quantità per sviluppare il tipo di tecnologie richieste a supporto di una società della conoscenza davvero multilingue.

Per gestire l'italiano non è nemmeno possibile trasferire tecnologie già sviluppate e ottimizzate per l'inglese. Sistemi per l'analisi sintattica e grammaticale basati sull'inglese tipicamente ottengono prestazioni molto più basse su testi italiani a causa delle caratteristiche specifiche della lingua italiana.

L'industria italiana delle tecnologie linguistiche è attualmente frammentata e disorganizzata. La maggior parte delle grandi aziende ha interrotto gli sforzi nelle tecnologie linguistiche o ha operato grossi tagli, lasciando il campo a piccole o medie imprese specializzate che non hanno la forza necessaria per rivolgersi al mercato interno e globale con una strategia costante.

In questo Libro Bianco siamo giunti alla conclusione che sia necessario fare uno sforzo sostanziale per creare risorse e strumenti linguistici per l'italiano per trainare la ricerca, l'innovazione e lo sviluppo in generale. La necessità di grandi quantità di dati e l'estrema complessità dei sistemi di tecnologie del linguaggio rendono indispensabile sviluppare una nuova infrastruttura per stimolare una maggiore condivisione e cooperazione.

Infine, vi è una mancanza di continuità nei finanziamenti per la ricerca e lo sviluppo. Programmi coordinati a breve termine si alternano a periodi con finanziamenti scarsi o del tutto assenti. Inoltre, vi è una generale mancanza di coordinamento con i programmi in altri paesi dell'UE e a livello della Commissione Europea.

L'obiettivo a lungo termine di META-NET è quello di introdurre tecnologie linguistiche di alta qualità per tutte le lingue. Ciò richiede che tutti i soggetti interessati – nella politica, nella ricerca, negli affari e nella società – uniscano i propri sforzi. La tecnologia contribuirà ad abbattere le barriere esistenti e a costruire ponti tra le lingue d'Europa, aprendo la strada verso l'unità politica ed economica attraverso la diversità culturale.

Supporto eccellente	Buon supporto	Supporto medio	Supporto frammentario	Supporto debole o assente
	Inglese	Ceco	Basco	Croato
		Finlandese	Bulgaro	Islandese
		Francese	Catalano	Lettone
		Italiano	Danese	Lituano
		Olandese	Estone	Maltese
		Portoghese	Galiziano	Rumeno
		Spagnolo	Greco	
		Tedesco	Irlandese	
			Norvegese	
			Polacco	
			Serbo	
			Slovacco	
			Sloveno	
			Svedese	
			Ungherese	

9: Elaborazione del parlato: stato delle tecnologie linguistiche per 30 lingue europee

Supporto eccellente	Buon supporto	Supporto medio	Supporto frammentario	Supporto debole o assente
	Inglese	Francese	Catalano	Basco
		Spagnolo	**Italiano**	Bulgaro
			Olandese	Ceco
			Polacco	Croato
			Rumeno	Danese
			Tedesco	Estone
			Ungherese	Finlandese
				Galiziano
				Greco
				Irlandese
				Islandese
				Lettone
				Lituano
				Maltese
				Norvegese
				Portoghese
				Serbo
				Slovacco
				Sloveno
				Svedese

10: Traduzione automatica: stato delle tecnologie linguistiche per 30 lingue europee

Supporto eccellente	Buon supporto	Supporto medio	Supporto frammentario	Supporto debole o assente
	Inglese	Francese	Basco	Croato
		Italiano	Bulgaro	Estone
		Olandese	Catalano	Irlandese
		Spagnolo	Ceco	Islandese
		Tedesco	Danese	Lettone
			Finlandese	Lituano
			Galiziano	Maltese
			Greco	Serbo
			Norvegese	
			Polacco	
			Portoghese	
			Rumeno	
			Slovacco	
			Sloveno	
			Svedese	
			Ungherese	

11: Analisi testuale: stato delle tecnologie linguistiche per 30 lingue europee

Supporto eccellente	Buon supporto	Supporto medio	Supporto frammentario	Supporto debole o assente
	Inglese	Ceco	Basco	Irlandese
		Francese	Bulgaro	Islandese
		Olandese	Catalano	Lettone
		Svedese	Croato	Lituano
		Tedesco	Danese	Maltese
		Ungherese	Estone	
		Polacco	Finlandese	
		Italiano	Galiziano	
		Spagnolo	Greco	
			Norvegese	
			Portoghese	
			Rumeno	
			Serbo	
			Slovacco	
			Sloveno	

12: Risorse testuali e di parlato: stato delle tecnologie linguistiche per 30 lingue europee

5

META-NET

META-NET è una Rete di Eccellenza finanziata dalla Commissione Europea [29]. La rete è attualmente composta da 54 centri di ricerca in 33 paesi europei. META-NET sostiene lo sviluppo di META (Multilingual Europe Technology Alliance), una comunità in espansione che raccoglie in Europa i professionisti e le organizzazioni che operano nel campo delle tecnologie linguistiche. META-NET intende porre le basi tecnologiche per una società europea dell'informazione veramente multilingue, in modo da:

- rendere possibili la comunicazione e la cooperazione tra le lingue;
- fornire a tutti i cittadini europei pari accesso all'informazione e alla conoscenza, in qualsiasi lingua;
- migliorare le funzionalità della tecnologie dell'informazione condivisa in rete.

La rete di META-NET vuole sostenere un'Europa unita intorno ad un solo mercato digitale e un solo spazio di informazione, stimolando e promuovendo le tecnologie linguistiche per tutte le lingue Europee. Sono queste tecnologie che consentono la traduzione automatica, la produzione di contenuto, l'elaborazione dell'informazione e la gestione della conoscenza per un'ampia gamma di settori e domini applicativi, così come lo sviluppo di interfacce intuitive basate sul linguaggio per gli strumenti elettronici domestici, i macchinari, i veicoli, i computer e i robot. A partire dal 1 Febbraio 2010, META-NET ha già condotto molte iniziative nelle sue tre linee di azione META-VISION, META-SHARE e META-RESEARCH.

META-VISION vuole favorire la crescita di una comunità dinamica ed influente che condivida una visione e un'Agenda di Ricerca Strategica comuni. L'obiettivo principale di questa attività è la costruzione in Europa di una comunità coerente e coesa nel settore delle tecnologie linguistiche, che riunisca rappresentanti provenienti da gruppi diversificati. Questo Libro Bianco è stato preparato insieme ad altri 29 volumi per altrettante lingue. La visione condivisa delle tecnologie è stata sviluppata in tre *Vision Groups* suddivisi per settore. Allo scopo di discutere e preparare l'Agenda di Ricerca Strategica, basata sulla visione in stretta interazione con l'intera comunità delle tecnologie linguistiche, è stato costituito un organismo apposito, il *META Technology Council*.

META-SHARE intende creare un ambiente aperto e distribuito per lo scambio e la condivisione di risorse, una rete P2P di depositi digitali che contiene dati linguistici, strumenti e web services, documentati con metadati di qualità e organizzati in categorie standardizzate. Le risorse sono facilmente accessibili ed è possibile effettuare delle ricerche in modo uniforme. Le risorse disponibili includono materiale libero da copyright e *open source* così come materiale soggetto a licenze commerciali.

META-RESEARCH si occupa di collegare settori tecnologici affini. Questa attività vuole capitalizzare l'avanzamento tecnologico e la ricerca innovativa in altri settori che possono essere di beneficio alle tecnologie linguistiche. In particolare, questa linea d'azione si concentra su condurre ricerca di frontiera nella traduzione automatica, raccogliere e preparare i dati, organizzare risorse linguistiche per scopi di valutazione, compilare inventari di strumenti e metodi, e organizzare workshop ed eventi educativi per i membri della comunità.

office@meta-net.eu – http://www.meta-net.eu

1

EXECUTIVE SUMMARY

During the last 60 years, Europe has become a distinct political and economic structure. Culturally and linguistically, it is rich and diverse. However, from Portuguese to Polish and Italian to Icelandic, everyday communication between Europe's citizens, within business and among politicians is inevitably confronted with language barriers. The EU's institutions spend about one billion Euros a year on maintaining their policy of multilingualism, i. e., translating texts and interpreting spoken communication. The European market for translation, interpretation, software localisation and website globalisation was estimated at 8.4 billion in 2008 and is expected to grow by 10% per annum [1]. Are these expenses necessary and are they even sufficient? Despite this high level of expenditure, the translated texts represent only a fraction of the information that is available to the whole population in countries with a single predominant language, like the USA, China or Japan. Language technology and linguistic research can make a significant contribution to removing the linguistic borders. Combined with intelligent devices and applications, language technology will help Europeans talk and do business together even if they do not speak a common language.

Language technology builds bridges.

The Italian economy takes advantage from the European single market but language barriers can bring business to a halt, especially for SMEs who do not have the financial means to reverse the situation. The only (unthink-able) alternative to a multilingual Europe would be to allow a single language to take a predominant position and replace all other languages in transnational communication. Another way to overcome language barriers is to learn foreign languages. Yet, considering the multitude of European languages, including 23 official languages of the European Union and some 60 other languages, language learning alone is not sufficient to provide for communication, trade and information transfer across all language borders. Without technological support, e. g., machine translation, the European linguistic diversity is an insurmountable obstacle for Europe's citizens, economy, political debate, and scientific progress.

Language technology is a key enabling technology for sustainable, cost-effective and socially beneficial solutions to language problems. Language technologies will offer European stakeholders tremendous advantages, not only within the common European market, but also in trade relations with non-European countries, especially emerging economies. Language technology solutions will eventually serve as a unique bridge between Europe's languages. An indispensable prerequisite for their development is first to carry out a systematic analysis of the linguistic particularities of all European languages, and the current state of language technology support for them. As early as the late 1970s, the EU realised the profound relevance of language technology as a driver of European unity, and began funding its first research projects, such as EUROTRA. After a longer period of sparse funding on the European level, the European Commission set up a department dedicated to language technology and machine translation a few years ago. Currently, the EU is supporting language technological projects such as EuroMatrix and EuroMatrix+ (since 2006) and iTranslate4 (since 2010), which, through basic and applied research, generate resources for establishing high quality language technology solutions for all European languages. These selective funding efforts led to a number of valuable results. For example, the translation services of the European Union now use the Moses open-source machine translation software, which has been mainly developed in European research projects. However, these projects never led to a concerted European effort, where the EU and its member states systematically pursue the common goal of technologically supporting all European languages.

Language technology is a key for the future.

Rather than building on the outcomes of its research projects, Europe has tended to pursue isolated research activities with a less pervasive impact on the market. Thus, an intensive phase of funding has eventually not led to sustainable results. In many cases, research funded in Europe turned out to bear fruit, but outside of Europe. The winners of this general development include Google and Apple. In fact, many of the predominant actors in the field today are privately-owned for-profit enterprises based in Northern America. Most of their language technology systems rely on imprecise statistical approaches that do not make use of deeper linguistic methods and knowledge. For example, sentences are often automatically translated by comparing each new sentence against thousands of sentences previously translated by humans. The quality of the output largely depends on the size and quality of the available data. While the automatic translation of simple sentences in languages with sufficient amounts of available textual data can achieve useful results, shallow statistical meth-

ods are doomed to fail in the case of languages with a much smaller body of sample data or in the case of new sentences with complex structures. Analysing the deeper structural properties of languages is the only way forward if we want to build applications that perform well across the entire range of European languages.

Language Technology helps to unify Europe.

Concerning research in Europe, the prerequisites are optimal: Through initiatives like CLARIN, META-NET, and FLaReNet, the research community is well-connected; in META-NET and FLaReNet a long-term research agenda is currently evolving, and language technology is slowly but steadily strengthening its role within the European Commission. Still, in some respect, our position is worse compared to other multilingual societies. Despite fewer financial resources, countries like India (22 official languages) and South Africa (11 official languages) have set up long-term national programmes for language research and technology development.
What is missing in Europe is the lack of awareness, political will and the courage to strive for an international leading position in this technology area through a concerted funding effort. Drawing on the insights gained so far, today's hybrid language technology mixing deep processing with statistical methods should be able to bridge the gap between all European languages and beyond.
However, as this series of white papers shows, there is a dramatic difference between Europe's member states in terms of both the maturity of the research and in the state of readiness with respect to language solutions. Italian, as one of the bigger EU languages, is better equipped than many other languages, but further research is needed before truly effective language technology solutions will be ready for everyday use and in order not to lag behind the much better resourced English

language. The percentage of global Internet users who speak Italian can be expected to decrease in the near future. As a consequence, Italian may experience in the upcoming decades the problem of being under represented on the web especially compared to English, a problem in which a fundamental role will be played by language technologies. The capability of a language to be "digitally" present in Internet-based applications and services has become a crucial element to maintain the cultural vitality of the language itself.

On the other hand, Internet applications and services can be sustained only if adequate infrastructures and technologies are present. In Italy, research on HLT is carried on by more than 15 research labs, with an active and relevant presence in the international research community. Considerable effort has been invested in Language Technologies research in Italy since 1997, when Human Language Technology was designated a National research policy. Unfortunately, funding at the national level is currently very limited, and little usable language technology is built in comparison to the anticipated need.

In spite of the accomplishments obtained in the field of language technologies for Italian, the current state of technologies is not enough to guarantee a digital dimension to Italian such as it is required by applications and services of the future Internet. In this volume, we will present an introduction to language technology and its core application areas as well as an evaluation of the current situation of language technology support for Italian. This white paper series complements the other strategic actions taken by META-NET (see the appendix for an overview). Up-to-date information such as the current version of the META-NET vision paper [2] and the Strategic Research Agenda (SRA) can be found on the META-NET web site: http://www.meta-net.eu.

2

LANGUAGES AT RISK: A CHALLENGE FOR LANGUAGE TECHNOLOGY

We are witnesses to a digital revolution that is dramatically impacting communication and society. Recent developments in information and communication technology are sometimes compared to Gutenberg's invention of the printing press. What can this analogy tell us about the future of the European information society and our languages in particular?

> The digital revolution is comparable to Gutenberg's invention of the printing press.

After Gutenberg's invention, real breakthroughs in communication were accomplished by efforts such as Luther's translation of the Bible into vernacular language. In subsequent centuries, cultural techniques have been developed to better handle language processing and knowledge exchange:

- the orthographic and grammatical standardisation of major languages enabled the rapid dissemination of new scientific and intellectual ideas;

- the development of official languages made it possible for citizens to communicate within certain (often political) boundaries;

- the teaching and translation of languages enabled exchanges across languages;

- the creation of editorial and bibliographic guidelines assured the quality of printed material;

- the creation of different media like newspapers, radio, television, books, and other formats satisfied different communication needs.

In the past twenty years, information technology has helped to automate and facilitate many processes:

- desktop publishing software has replaced typewriting and typesetting;

- Microsoft PowerPoint has replaced overhead projector transparencies;

- e-mail allows documents to be sent and received more quickly than using a fax machine;

- Skype offers cheap Internet phone calls and hosts virtual meetings;

- audio and video encoding formats make it easy to exchange multimedia content;

- web search engines provide keyword-based access;

- online services like Google Translate produce quick, approximate translations;

- social media platforms such as Facebook, Twitter and Google+ facilitate communication, collaboration, and information sharing.

Although these tools and applications are helpful, they are not yet capable of supporting a fully-sustainable, multilingual European society in which information and goods can flow freely.

2.1 LANGUAGE BORDERS HOLD BACK THE EUROPEAN INFORMATION SOCIETY

We cannot predict exactly what the future information society will look like. However, there is a strong likelihood that the revolution in communication technology is bringing together people who speak different languages in new ways. This is putting pressure both on individuals to learn new languages and especially on developers to create new technologies to ensure mutual understanding and access to shareable knowledge. In the global economic and information space, there is increasing interaction between different languages, speakers and content thanks to new types of media. The current popularity of social media (Wikipedia, Facebook, Twitter, Google+) is only the tip of the iceberg.

The global economy and information space confronts us with different languages, speakers and content.

Today, we can transmit gigabytes of text around the world in a few seconds before we recognise that it is in a language that we do not understand. According to a report from the European Commission, 57% of Internet users in Europe purchase goods and services in non-native languages; English is the most common foreign language followed by French, German and Spanish. 55% of users read content in a foreign language while 35% use another language to write e-mails or post comments on the Web [3].

A few years ago, English might have been the lingua franca of the web – the vast majority of content on the web was in English – but the situation has now drastically changed. The amount of online content in other European (as well as Asian and Middle Eastern) languages has exploded.

Surprisingly, this ubiquitous digital linguistic divide has not gained much public attention. Yet, it raises a very pressing question: Which European languages will thrive in the networked information and knowledge society, and which are doomed to disappear?

2.2 OUR LANGUAGES AT RISK

While the printing press helped step up the exchange of information in Europe, it also led to the extinction of many languages. Regional and minority languages were rarely printed and languages such as Cornish and Dalmatian were limited to oral forms of transmission, which in turn restricted their scope of use. Will the Internet have the same impact on our modern languages?

The variety of languages in Europe is one of its richest and most important cultural assets.

Europe's approximately 80 languages are one of our richest and most important cultural assets, and a vital part of this unique social model [4]. While languages such as English and Spanish are likely to survive in the emerging digital marketplace, many languages could become irrelevant in a networked society. This would weaken Europe's global standing, and run counter to the goal of ensuring equal participation for every citizen regardless of language. According to a UNESCO report on multilingualism, languages are an essential medium for the enjoyment of fundamental rights, such as political expression, education and participation in society [5].

2.3 LANGUAGE TECHNOLOGY IS A KEY ENABLING TECHNOLOGY

In the past, investments in language preservation focused primarily on language education and translation. According to one estimate, the European market for translation, interpretation, software localisation and website globalisation was €8.4 billion in 2008 and is expected to grow by 10% per annum [6]. Yet this figure covers just a small proportion of current and future needs in communicating between languages. The most compelling solution for ensuring the breadth and depth of language usage in Europe tomorrow is to use appropriate technology, just as we use technology to solve our transport and energy needs among others.

Language technology targeting all forms of written text and spoken discourse can help people to collaborate, conduct business, share knowledge and participate in social and political debate regardless of language barriers and computer skills. It often operates invisibly inside complex software systems to help us already today to:

- find information with a search engine;
- check spelling and grammar in a word processor;
- view product recommendations in an online shop;
- follow the spoken directions of a navigation system;
- translate web pages via an online service.

Language technology consists of a number of core applications that enable processes within a larger application framework. The purpose of the META-NET language white papers is to focus on how ready these core enabling technologies are for each European language.

Europe needs robust and affordable language technology for all European languages.

To maintain our position in the frontline of global innovation, Europe will need language technology, tailored to all European languages, that is robust and affordable and can be tightly integrated within key software environments. Without language technology, we will not be able to achieve a really effective interactive, multimedia and multilingual user experience in the near future.

2.4 OPPORTUNITIES FOR LANGUAGE TECHNOLOGY

In the world of print, the technology breakthrough was the rapid duplication of an image of a text using a suitably powered printing press. Human beings had to do the hard work of looking up, assessing, translating, and summarising knowledge. We had to wait until Edison to record spoken language – and again his technology simply made analogue copies.

Language technology can now simplify and automate the processes of translation, content production, and knowledge management for all European languages. It can also empower intuitive speech-based interfaces for household electronics, machinery, vehicles, computers and robots. Real-world commercial and industrial applications are still in the early stages of development, yet R&D achievements are creating a genuine window of opportunity. For example, machine translation is already reasonably accurate in specific domains, and experimental applications provide multilingual information and knowledge management, as well as content production, in many European languages.

As with most technologies, the first language applications such as voice-based user interfaces and dialogue systems were developed for specialised domains, and often exhibit limited performance. However, there are huge market opportunities in the education and entertainment industries for integrating language technologies into games, edutainment packages, libraries, simulation environments and training programmes. Mobile information services, computer-assisted language learning software, eLearning environments, self-assessment tools and plagiarism detection software are just some of the application areas in which language technology can play an important role. The popularity of social media applications like Twitter and Facebook suggest a need for sophisticated language technologies that can monitor posts, summarise discussions, suggest opinion trends, detect emotional responses, identify copyright infringements or track misuse.

Language technology represents a tremendous opportunity for the European Union. It can help to address the complex issue of multilingualism in Europe – the fact that different languages coexist naturally in European businesses, organisations and schools. However, citizens need to communicate across the language borders of the European Common Market, and language technology can help overcome this final barrier, while supporting the free and open use of individual languages. Looking even further ahead, innovative European multilingual language technology will provide a benchmark for our global partners when they begin to support their own multilingual communities. Language technology can be seen as a form of "assistive" technology that helps overcome the "disability" of linguistic diversity and makes language communities more accessible to each other. Finally, one active field of research is the use of language technology for rescue operations in disaster areas, where performance can be a matter of life and death: Future intelligent robots with cross-lingual language capabilities have the potential to save lives.

2.5 CHALLENGES FACING LANGUAGE TECHNOLOGY

Although language technology has made considerable progress in the last few years, the current pace of technological progress and product innovation is too slow. Widely-used technologies such as the spelling and grammar correctors in word processors are typically monolingual, and are only available for a handful of languages. Online machine translation services, although useful for quickly generating a reasonable approximation of a document's contents, are fraught with difficulties when highly accurate and complete translations are required. Due to the complexity of human language, modelling our tongues in software and testing them in the real world is a long, costly business that requires sustained funding commitments. Europe must therefore maintain its pioneering role in facing the technological challenges of a multiple-language community by inventing new methods to accelerate development right across the map. These could include both computational advances and techniques such as crowdsourcing.

2.6 LANGUAGE ACQUISITION IN HUMANS AND MACHINES

To illustrate how computers handle language and why it is difficult to program them to process different tongues, let's look briefly at the way humans acquire first and second languages, and then see how language technology systems work.

Humans acquire language skills in two different ways. Babies acquire a language by listening to the real interactions between their parents, siblings and other family members. From the age of about two, children produce their first words and short phrases. This is only possible because humans have a genetic disposition to imitate and then rationalise what they hear.

Learning a second language at an older age requires more effort, largely because the child is not immersed in a language community of native speakers. At school, foreign languages are usually acquired by learning grammatical structure, vocabulary and spelling using drills that describe linguistic knowledge in terms of abstract rules, tables and examples.

Humans acquire language skills in two different ways: learning from examples and learning the underlying language rules.

Moving now to language technology, the two main types of systems 'acquire' language capabilities in a similar manner. Statistical (or 'data-driven') approaches obtain linguistic knowledge from vast collections of concrete example texts. While it is sufficient to use text in a single language for training, e. g., a spell checker, parallel texts in two (or more) languages have to be available for training a machine translation system. The machine learning algorithm then "learns" patterns of how words, short phrases and complete sentences are translated.

This statistical approach can require millions of sentences to boost performance quality. This is one reason why search engine providers are eager to collect as much written material as possible. Spelling correction in word processors, and services such as Google Search and Google Translate all rely on statistical approaches. The great advantage of statistics is that the machine learns fast in continuous series of training cycles, even though quality can vary randomly.

The second approach to language technology and machine translation in particular is to build rule-based systems. Experts in the fields of linguistics, computational linguistics and computer science first have to encode grammatical analyses (translation rules) and compile vocabulary lists (lexicons). This is very time consuming and labour intensive. Some of the leading rule-based machine translation systems have been under constant development for more than 20 years. The great advantage of rule-based systems is that the experts have more detailed control over the language processing. This makes it possible to systematically correct mistakes in the software and give detailed feedback to the user, especially when rule-based systems are used for language learning. But due to the high cost of this work, rule-based language technology has so far only been developed for a few major languages.

The two main types of language technology systems acquire language in a similar manner.

As the strengths and weaknesses of statistical and rule-based systems tend to be complementary, current research focuses on hybrid approaches that combine the two methodologies. However, these approaches have so far been less successful in industrial applications than in the research lab.

As we have seen in this chapter, many applications widely used in today's information society rely heavily on language technology. Due to its multilingual community, this is particularly true of Europe's economic and information space. Although language technology has made considerable progress in the last few years, there is still huge potential in improving the quality of language technology systems. In the following, we will describe the role of Italian in European information society and assess the current state of language technology for the Italian language.

THE ITALIAN LANGUAGE IN THE EUROPEAN INFORMATION SOCIETY

3.1 GENERAL FACTS

The Italian language counts 62 million native speakers worldwide, which makes it the 20th most spoken native language in the world, and by 125 million speakers as a second language. Very large emigrant communities each consisting of over 500,000 people still speaking Italian are found in Argentina, Brazil, Canada and the United States. A 2006 survey showed that Italian had the second highest number (tied with English) of native speakers in the European Union after German, with 56 million native speakers of Italian residing in Italy. It has been estimated at various dates that, additionally, 280,000 first language speakers of Italian reside in Belgium, 70,000 in the candidate country Croatia, 1,000,000 in France, 548,000 in Germany, 20,800 in Luxembourg, 27,000 in Malta (not including 118,000 second language speakers), 2,560 in Romania, 4,010 in Slovenia, 200,000 in the United Kingdom and 471,000 in Switzerland.

The Italian language counts around 62 million native speakers.

Italian was listed as the 6th most spoken foreign language in the European Union after English, French, German, Spanish and Russian. Regarding the number of translations worldwide, Italian is ranked 5th as the source language, and 11th as a target language.

From a study conducted in 2005, it emerged that 61% of Maltese, 14% of Croatians, 12% of Slovenians, 11% of Austrians, 8% of Romanians, and 6% of French and Greeks include Italian among the two foreign languages that children should learn.

Italian is the official language in Italy (it formally appears in the Italian Constitution as the official language starting in 2007, although it has been considered the official language at least since the reunification of Italy) and San Marino. In Switzerland, Italian is one of four official languages, spoken mainly in Canton Grigioni and Canton Ticino. In the Vatican City State, it is one of the official languages (all laws and regulations of the state are published in Italian). It is an official regional language in Slovenia (article 64 of its constitution allows extensive freedom in the Italian-speaking region of Istria for the use of Italian in areas such as schooling, culture, science, the economy and mass media) and in the candidate country Croatia.

In Italy, Italian is by far the most widely spoken language and almost all media (television, newspapers, movies, etc.) in the country are produced in Italian. However, other languages are co-official within certain regions, including French in Val d'Aosta, German in Trentino-Alto Adige, and Sardinian in Sardinia.

3.2 PARTICULARITIES OF THE ITALIAN LANGUAGE

Italian derives diachronically from Latin and is the closest national language to Latin. Unlike most other Romance languages, Italian retains Latin's contrast between short and long consonants. As in most Romance languages, stress is distinctive. In particular, among the Romance languages, Italian is the closest to Latin in terms of vocabulary [7].

Italian grammar is typical of the grammar of Romance languages in general. Cases exist for pronouns (nominative, accusative, dative), but not for nouns. There are two genders (masculine and feminine). Nouns, adjectives, and articles inflect for gender and number (singular and plural). Adjectives are sometimes placed before their noun and sometimes after. Subject nouns generally come before the verb. Subject pronouns are usually dropped, their presence implied by verbal inflections. Noun objects come after the verb, as do pronoun objects after imperative verbs and infinitives, but otherwise pronoun objects come before the verb. There are numerous contractions of prepositions with subsequent articles. There are numerous productive suffixes for diminutive, augmentative, pejorative, attenuating etc., which are also used to create neologisms.

Many native speakers of Italian are actually native bilingual speakers of the Italian language and an Italian dialect.

A peculiar characteristic of Italian is that many native speakers of Italian residing in Italy are actually native bilingual speakers of the Italian language and an Italian dialect. Some of the most spoken Italian dialects are Lombard (8,830,000 speakers in 2000), Napolitano-Calabrese (7,050,000 speakers in 1976), Sicilian (4,830,000 speakers in 2000), Piemontese (3,110,000 speakers in 2000), Venetian (2,180,000 in 2000), Emiliano-Romagnolo (2,000,000 speakers in 2003), Ligurian (1,920,000 speakers in 2000), some of which are mutually unintelligible. Some Italian dialects are distinct enough from Italian to be considered as separate languages. The different dialects played a significant role in the development of different varieties of regional Italians. This influence mainly concerns the prosody, phonetics and lexicon of the Italian language by speakers of dialects.

3.3 RECENT DEVELOPMENTS

From the 1950s on, American television series and movies began to dominate the Italian market. Even though foreign films and series are usually dubbed into Italian, the strong presence of the American way of life in the media influenced the Italian culture and language. Due to the continuing triumph of English and American music since the 1960s, Italians have been exposed to a lot of English during their adolescence for generations. English soon acquired the status of a 'cool/hip' language, which it has kept up to the present day.

This continuing status is reflected by the sheer number of present-day loan words from English (so-called anglicisms). A recent study [8] aims at quantifying the impact of non-adapted anglicisms in Italian with the aid of frequency counts. The study is based on a sample list of non-adapted anglicisms retrieved from a vast Italian corpus of newspaper texts. The analysis shows that, even though the number of anglicisms in Italian dictionaries may be regarded as considerable, the extent to which they are used in newspaper texts – a genre which has been traditionally recognised by linguists as prone to including borrowings in general and specifically anglicisms – amounts to much lower percentages. It is argued that while marketing strategies force publishers and editors to maximise the number of entries in dictionaries of borrowings, especially anglicisms, only corpus-based frequency counts, which testify their actual usage, should be considered meaningful. The author suggests that threshold frequencies should determine which anglicisms should be included in monolingual general and special purpose dictionaries, both for Italian and other languages; corpus linguistics may help to provide such tentative frequency scores.

3.4 OFFICIAL LANGUAGE PROTECTION IN ITALY

One of the main points of reference for research on the Italian language, also in relation to its regional varieties, is the "Accademia della Crusca" [9], which was founded in Florence in the second half of the 16th century. Its main accomplishment was the "Vocabolario degli Accademici della Crusca" (1612), the first dictionary of the Italian language. At present, its activity is centered on supporting scientific activity and the training of new researchers in Italian linguistics and philology, as well as on collaborating with foreign institutions and the Italian and European Governments to support the cause of multilingualism. The historical academy strives to acquire and spread not only historical knowledge of the Italian language, but also awareness of the present evolution of Italian in the era of the information society.

> One of the major points of reference for research on the Italian language is the "Accademia della Crusca".

Partially as a reaction to the increasing importance of anglicisms in Italian, a proposal was submitted in 2001 to the Italian Parliament to create the "Consiglio superiore della lingua italiana" (CSLI – High Council for the Italian Language), with the aim to counteract the impoverishment of the Italian language and its lost of prestige at the European and international level (this proposal has yet to be approved by the Italian Parliament). Among the goals of CLSI would be the defense, valorisation and diffusion of Italian culture, particularly through initiatives aimed at promoting the correct use of the Italian language, specifically in schools, communication media

and commerce. An additional goal would be the diffusion of the Italian language abroad, as well as its official use in European institutions.

3.5 LANGUAGE IN EDUCATION

Language skills are the key qualification needed in education as well as for personal and professional communication. The status of Italian as a school subject in basic school seems to reflect the need to give priority to this. The first PISA study, conducted in 2000, revealed that Italian students performed below OECD average with respect to reading literacy. Students with a migration background received particularly low results. The ensuing debate has increased public awareness for the importance of language learning, especially with respect to integration. In the last PISA test (2009), Italian pupils perform almost the same with respect to reading literacy than in 2000, which might be considered as a positive result, considering the fact that the OECD average has sunk since 2000 [10].

3.6 ITALIAN ON THE INTERNET

Internet penetration in Italy is estimated to be at 51.7% (30 million out of a population of 58 million), having grown 127.5% from 2000 to 2010, and representing 6.3% of Internet users in the European Union. The percentage of web pages in Italian worldwide doubled from 1.5% in 1998 to 3.05% in 2005. As of 2004, 30.4 million Italian speakers were estimated to be online worldwide. Outside of the European Union, an estimated 520,000 Americans access the Internet in Italian, 200,000 Swiss and 100,000 Australians.

As the number of Italian Internet users has remained relatively stable over the last five years, while the number of new users from developing countries has dramatically increased, the percentage of global Internet users who speak Italian can be expected to decrease in the near future. As a consequence, Italian may experience in the up-coming decades the problem of being under represented on the web especially compared to English, a problem in which a fundamental role will be played by language technologies.

The massive use of interactive systems in the future Internet requires language technologies with high adaptability to speakers of different variants of Italian.

The massive use of interactive systems in the future Internet requires language technologies with high adaptability to speakers of different variants of Italian. This affects in the first place technologies for the automatic transcription of audio data, as regional accents of Italian speakers show great variation across different regions, but all other language technologies as well, because regional variants are characterised by differences at all linguistic levels, from the lexicon to the syntax. The availability of systems supporting regional variants of Italian would allow not only for an improvement in terms of performance, but also for a more natural interaction between humans and computers.

The most commonly used web application is certainly web search, which involves the automatic processing of language on multiple levels, as we will see in more detail in the second part of this paper. It involves sophisticated language technology, differing for each language. For Italian, this comprises, for instance, matching "città" and "citta". But Internet users and providers of web content can also profit from language technology in less obvious ways, for example, if it is used to automatically translate web contents from one language into another. Considering the high costs associated with manually translating these contents, it may be surprising how little usable language technology is built in comparison to the anticipated need.

However, it becomes less surprising if we consider the complexity of the Italian language and the number of technologies involved in typical language technology applications. In the next chapter, we will present an introduction to language technology and its core application areas as well as an evaluation of the current situation of language technology support for Italian.

4

LANGUAGE TECHNOLOGY SUPPORT FOR ITALIAN

Language technology is used to develop software systems designed to handle human language and are therefore often called "human language technology". Human language comes in spoken and written forms. While speech is the oldest and in terms of human evolution the most natural form of language communication, complex information and most human knowledge is stored and transmitted through the written word. Speech and text technologies process or produce these different forms of language, using dictionaries, rules of grammar, and semantics. This means that language technology (LT) links language to various forms of knowledge, independently of the media (speech or text) in which it is expressed. Figure 1 illustrates the LT landscape.

When we communicate, we combine language with other modes of communication and information media – for example speaking can involve gestures and facial expressions. Digital texts link to pictures and sounds. Movies may contain language in spoken and written form. In other words, speech and text technologies overlap and interact with other multimodal communication and multimedia technologies.

In this section, we will discuss the main application areas of language technology, i. e., language checking, web search, speech interaction, and machine translation. These applications and basic technologies include

- spelling correction
- authoring support
- computer-assisted language learning

- information retrieval
- information extraction
- text summarisation
- question answering
- speech recognition
- speech synthesis

Language technology is an established area of research with an extensive set of introductory literature. The interested reader is referred to the following references: [11, 12, 13, 14, 15].

Before discussing the above application areas, we will shortly describe the architecture of a typical LT system.

4.1 APPLICATION ARCHITECTURES

Software applications for language processing typically consist of several components that mirror different aspects of language. While such applications tend to be very complex, Figure 2 shows a highly simplified architecture of a typical text processing system. The first three modules handle the structure and meaning of the text input:

1. Pre-processing: cleans the data, analyses or removes formatting, detects the input language, detects accents ("città" and "citta'") and apostrophes ("dell'UE" e "della UE") for Italian, and so on.

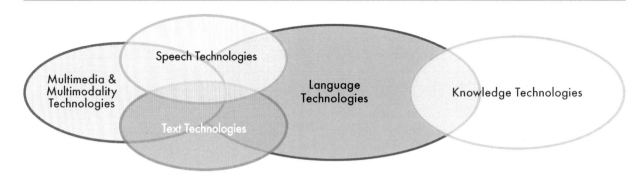

1: Language technologies

2. Grammatical analysis: finds the verb, its objects, modifiers and other sentence elements; detects the sentence structure.

3. Semantic analysis: performs disambiguation (i. e., computes the appropriate meaning of words in a given context); resolves anaphora (i. e., which pronouns refer to which nouns in the sentence) and substitute expressions; represents the meaning of the sentence in a machine-readable way.

After analysing the text, task-specific modules can perform other operations, such as automatic summarisation and database look-ups.

In the remainder of this section, we firstly introduce the core application areas for language technology, and follow this with a brief overview of the state of LT research and education today, and a description of past and present research programmes. Finally, we present an expert estimate of core LT tools and resources for Italian in terms of various dimensions such as availability, maturity and quality. The general situation of LT for the Italian language is summarised in figure 7 (p. 56) at the end of this chapter. This table lists all tools and resources that are boldfaced in the text. LT support for Italian is also compared to other languages that are part of this series.

4.2 CORE APPLICATION AREAS

In this section, we focus on the most important LT tools and resources, and provide an overview of LT activities in Italy.

4.2.1 Language Checking

Anyone who has used a word processor such as Microsoft Word knows that it has a spelling checker that highlights spelling mistakes and proposes corrections. The first spelling correction programs compared a list of extracted words against a dictionary of correctly spelled words. Today these programs are far more sophisticated. Using language-dependent algorithms for **grammatical analysis**, they detect errors related to morphology (e. g., plural formation) as well as syntax-related errors, such as a missing verb or a conflict of verb-subject agreement (e. g., *she *write a letter*). However, most spell checkers will not find any errors in the following text: [16]:

> I have a spelling checker,
> It came with my PC.
> It plane lee marks four my revue
> Miss steaks aye can knot sea.

Handling these kinds of errors usually requires an analysis of the context. This type of analysis either needs to draw on language-specific **grammars** laboriously coded

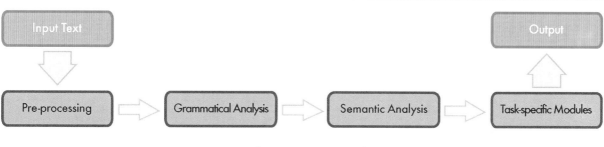

2: A typical text processing architecture

into the software by experts, or on a statistical language model. In this case, a model calculates the probability of a particular word as it occurs in a specific position (e. g., between the words that precede and follow it). For example: *I can not* is a much more probable word sequence than *aye can knot*. A statistical language model can be automatically created by using a large amount of (correct) language data (called a **text corpus**). Most of these two approaches have been developed around data from English. Neither approach can transfer easily to Italian because the language has a flexible word order and a richer inflection system.

Language checking is not limited to word processors but also applies to authoring systems.

Language checking is not limited to word processors; it is also used in authoring support systems, i. e., software environments in which manuals and other types of technical documentation for complex IT, healthcare, engineering and other products, are written. To offset customer complaints about incorrect use and damage claims resulting from poorly understood instructions, companies are increasingly focusing on the quality of technical documentation while targeting the international market (via translation or localisation) at the same time. Advances in natural language processing have led to the development of authoring support

software, which helps the writer of technical documentation to use vocabulary and sentence structures that are consistent with industry rules and (corporate) terminology restrictions.

Besides spell checkers and authoring support, language checking is also important in the field of computer-assisted language learning. And language checking applications also automatically correct search engine queries, as found in Google's *Did you mean...* suggestions.

4.2.2 Web Search

Searching the web, intranets or digital libraries is probably the most widely used yet largely underdeveloped language technology application today. The Google search engine, which started in 1998, now handles about 80% of all search queries [17]. The Google search interface and results page display has not significantly changed since the first version. However, in the current version, Google offers spelling correction for misspelled words and incorporates basic semantic search capabilities that can improve search accuracy by analysing the meaning of terms in a search query context [18]. The Google success story shows that a large volume of data and efficient indexing techniques can deliver satisfactory results using a statistical approach to language processing.

For more sophisticated information requests, it is essential to integrate deeper linguistic knowledge for text interpretation. Experiments using **lexical resources** such

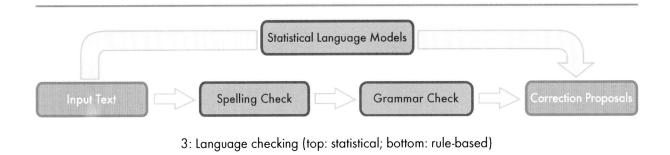

3: Language checking (top: statistical; bottom: rule-based)

as machine-readable thesauri or ontological language resources (e. g., WordNet for English or ItalWordNet and MultiWordNet for Italian) have demonstrated improvements in finding pages using synonyms of the original search terms, such as *energia atomica* [atomic energy] and *energia nucleare* [nuclear energy], or even more loosely related terms.

> The next generation of search engines
> will have to include much more sophisticated
> language technology.

The next generation of search engines will have to include much more sophisticated language technology, especially to deal with search queries consisting of a question or other sentence type rather than a list of keywords. For the query, *Give me a list of all companies that were taken over by other companies in the last five years*, a syntactic as well as **semantic analysis** is required. The system also needs to provide an index to quickly retrieve relevant documents. A satisfactory answer will require syntactic parsing to analyse the grammatical structure of the sentence and determine that the user wants companies that have been acquired, rather than companies that have acquired other companies. For the expression *last five years*, the system needs to determine the relevant range of years, taking into account the present year. The query then needs to be matched against a huge amount of unstructured data to find the pieces of information that are relevant to the user's request. This pro-

cess is called information retrieval, and involves searching and ranking relevant documents. To generate a list of companies, the system also needs to recognise a particular string of words in a document represents a company name, using a process called named entity recognition. A more demanding challenge is matching a query in one language with documents in another language. Cross-lingual information retrieval involves automatically translating the query into all possible source languages and then translating the results back into the user's target language.

Now that data is increasingly found in non-textual formats, there is a need for services that deliver multimedia information retrieval by searching images, audio files and video data. In the case of audio and video files, a speech recognition module must convert the speech content into text (or into a phonetic representation) that can then be matched against a user query.

In Italy, among the others, companies like Expert System and CELI successfully develop and apply semantic search technologies.

4.2.3 Speech Interaction

Speech interaction is one of many application areas that depend on speech technology, i. e., technologies for processing spoken language. Speech interaction technology is used to create interfaces that enable users to interact in spoken language instead of using a graphical display, keyboard and mouse. Today, these voice user interfaces (VUI) are used for partially or fully automat-

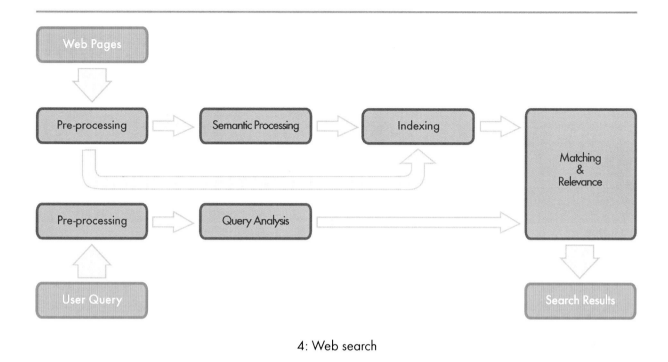

4: Web search

ed telephone services provided by companies to customers, employees or partners. Business domains that rely heavily on VUIs include banking, supply chain, public transportation, and telecommunications. Other uses of speech interaction technology include interfaces to car navigation systems and the use of spoken language as an alternative to the graphical or touchscreen interfaces in smartphones. Speech interaction technology comprises four technologies:

1. Automatic **speech recognition** (ASR) determines which words are actually spoken in a given sequence of sounds uttered by a user.

2. Natural language understanding analyses the syntactic structure of a user's utterance and interprets it according to the system in question.

3. Dialogue management determines which action to take given the user input and system functionality.

4. **Speech synthesis** (text-to-speech or TTS) transforms the system's reply into sounds for the user.

One of the major challenges of ASR systems is to accurately recognise the words a user utters. This means restricting the range of possible user utterances to a limited set of keywords, or manually creating language models that cover a large range of natural language utterances. Using machine learning techniques, language models can also be generated automatically from **speech corpora**, i. e., large collections of speech audio files and text transcriptions. Restricting utterances usually forces people to use the voice user interface in a rigid way and can damage user acceptance; but the creation, tuning and maintenance of rich language models will significantly increase costs. VUIs that employ language models and initially allow a user to express their intent more flexibly – prompted by a *How may I help you?* greeting – tend to be automated and are better accepted by users.

Speech interaction is the basis for interfaces that allow a user to interact with spoken language.

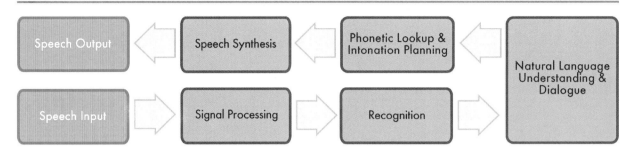

5: Speech-based dialogue system

Companies tend to use utterances pre-recorded by professional speakers for generating the output of the voice user interface. For static utterances where the wording does not depend on particular contexts of use or personal user data, this can deliver a rich user experience. But more dynamic content in an utterance may suffer from unnatural intonation because different parts of audio files have simply been strung together. Today's TTS systems are getting better (though they can still be optimised) at producing natural-sounding dynamic utterances.

Interfaces in speech interaction have been considerably standardised during the last decade in terms of their various technological components. There has also been strong market consolidation in speech recognition and speech synthesis. The national markets in the G20 countries (economically resilient countries with high populations) have been dominated by just five global players, with Nuance (USA) and Loquendo (Italy) being the most prominent players in Europe. In 2011, Nuance announced the acquisition of Loquendo, which represents a further step in market consolidation.

In the Italian-language ASR market, there are smaller companies such as PerVoice, Cedat85 and Synthema. With regard to dialogue management technology and know-how, the market is dominated by national SME players. In Italy, this includes the IM Service Lab. Rather than relying on a software license-driven product business, these companies are mainly positioned as full-service providers that create voice user interfaces as part of a system integration service. In the area of interaction technology, there is as yet no real market for syntactic and semantic analysis-based core technologies.

The demand for voice user interfaces in Italy has grown fast in the last five years, driven by increasing demand for customer self-service, cost optimisation for automated telephone services, and the increasing acceptance of spoken language as a media for human-machine interaction.

Looking ahead, there will be significant changes, due to the spread of smartphones as a new platform for managing customer relationships, in addition to fixed telephones, the Internet and e-mail. This will also affect how speech interaction technology is used. In the long term, there will be fewer telephone-based VUIs, and spoken language apps will play a far more central role as a user-friendly input for smartphones. This will be largely driven by stepwise improvements in the accuracy of speaker-independent speech recognition via the speech dictation services already offered as centralised services to smartphone users.

4.2.4 Machine Translation

The idea of using digital computers to translate natural languages goes back to 1946 and was followed by substantial funding for research during the 1950s and again

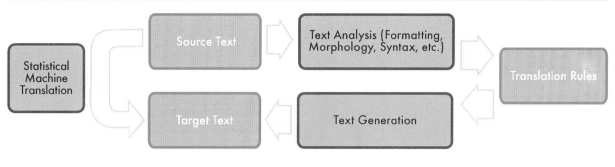

6: Machine translation (left: statistical; right: rule-based)

in the 1980s. Yet **machine translation** (MT) still cannot deliver on its initial promise of providing across-the-board automated translation.

At its basic level, Machine Translation simply substitutes words in one natural language with words in another language.

The most basic approach to machine translation is the automatic replacement of the words in a text written in one natural language with the equivalent words of another language. This can be useful in subject domains that have a very restricted, formulaic language such as weather reports. However, in order to produce a good translation of less restricted texts, larger text units (phrases, sentences, or even whole passages) need to be matched to their closest counterparts in the target language. The major difficulty is that human language is ambiguous. Ambiguity creates challenges on multiple levels, such as word sense disambiguation at the lexical level (a *jaguar* is a brand of car or an animal) or the assignment of case on the syntactic level, for example:

- The chicken is ready *to eat.*
- [Il pollo è pronto *a mangiare.*]
- [Il pollo è pronto *per essere mangiato.*]

One way to build an MT system is to use linguistic rules. For translations between closely related languages,

a translation using direct substitution may be feasible in cases such as the above example. However, rule-based (or linguistic knowledge-driven) systems often analyse the input text and create an intermediary symbolic representation from which the target language text can be generated. The success of these methods is highly dependent on the availability of extensive lexicons with morphological, syntactic, and semantic information, and large sets of grammar rules carefully designed by skilled linguists. This is a very long and therefore costly process.

In the late 1980s when computational power increased and became cheaper, interest in statistical models for machine translation began to grow. Statistical models are derived from analysing bilingual text corpora, **parallel corpora**, such as the Europarl parallel corpus, which contains the proceedings of the European Parliament in 21 European languages. Given enough data, statistical MT works well enough to derive an approximate meaning of a foreign language text by processing parallel versions and finding plausible patterns of words. Unlike knowledge-driven systems, however, statistical (or data-driven) MT systems often generate ungrammatical output. Data-driven MT is advantageous because less human effort is required, and it can also cover special particularities of the language (e. g., idiomatic expressions) that are often ignored in knowledge-driven systems.

The strengths and weaknesses of knowledge-driven and data-driven machine translation tend to be complementary, so that nowadays researchers focus on hybrid approaches that combine both methodologies. One approach uses both knowledge-driven and data-driven systems together with a selection module that decides on the best output for each sentence. However, results for sentences longer than say 12 words will often be far from perfect. A better solution is to combine the best parts of each sentence from multiple outputs; this can be fairly complex, as corresponding parts of multiple alternatives are not always obvious and need to be aligned.

> Machine Translation is particularly
> challenging for the Italian language.

Machine translation is particularly challenging for the Italian language due to the morphological complexity and the free word order of the Italian language. Some companies are active in the MT sector in Italy, mainly providing services for professional usages (for example, Translated).

The use of machine translation can significantly increase productivity provided that the system is intelligently adapted to user-specific terminology and integrated into a workflow. Special systems for interactive translation support were developed.

There is still a huge potential for improving the quality of MT systems. The challenges involve adapting language resources to a given subject domain or user area, and integrating the technology into workflows that already have term bases and translation memories. Another problem is that most of the current systems are English-centred and only support a few languages from and into Italian. This leads to friction in the translation workflow and forces MT users to learn different lexicon coding tools for different systems.

Evaluation campaigns help to compare the quality of MT systems, the different approaches and the status of the systems for different language pairs. Figure 7

(p. 22), which was prepared during the EC Euromatrix+ project, shows the pair-wise performances obtained for 22 of the 23 official EU languages (Irish was not compared.) The results are ranked according to a BLEU score, which indicates higher scores for better translations [20]. A human translator would achieve a score of around 80 points.

The best results (in green and blue) were achieved by languages that benefit from a considerable research effort in coordinated programs and from the existence of many parallel corpora (e. g., English, French, Dutch, Spanish and German). The languages with poorer results are shown in red. These languages either lack such development efforts or are structurally very different from other languages (e. g., Hungarian, Maltese and Finnish).

4.3 OTHER APPLICATION AREAS

Building language technology applications involves a range of subtasks that do not always surface at the level of interaction with the user, but they provide significant service functionalities "behind the scenes" of the system in question. They all form important research issues that have now evolved into individual sub-disciplines of computational linguistics.

Question answering, for example, is an active area of research for which annotated corpora have been built and scientific competitions have been initiated. The concept of question answering goes beyond keyword-based searches (in which the search engine responds by delivering a collection of potentially relevant documents) and enables users to ask a concrete question to which the system provides a single answer. For example:

> *Question: How old was Neil Armstrong when he stepped on the moon?*
> *Answer: 38.*

While question answering is obviously related to the core area of web search, it is nowadays an umbrella term for such research issues as which different types of questions exist, and how they should be handled; how a set of documents that potentially contain the answer can be analysed and compared (do they provide conflicting answers?); and how specific information (the answer) can be reliably extracted from a document without ignoring the context.

Language technology applications often provide significant service functionalities "behind the scenes" of larger software systems.

Question answering is in turn related to information extraction (IE), an area that was extremely popular and influential when computational linguistics took a statistical turn in the early 1990s. IE aims to identify specific pieces of information in specific classes of documents, such as the key players in company takeovers as reported in newspaper stories. Another common scenario that has been studied is reports on terrorist incidents. The task here consists of mapping appropriate parts of the text to a template that specifies the perpetrator, target, time, location and results of the incident. Domain-specific template-filling is the central characteristic of IE, which makes it another example of a "behind the scenes" technology that forms a well-demarcated research area, which in practice needs to be embedded into a suitable application environment.

Text summarisation and **text generation** are two borderline areas that can act either as standalone applications or play a supporting role. Summarisation attempts to give the essentials of a long text in a short form, and is one of the features available in Microsoft Word. It mostly uses a statistical approach to identify the important words in a text (i. e., words that occur very frequently in the text in question but less frequently in general language use) and determine which sentences contain the most of these important words. These sentences are then

extracted and put together to create the summary. In this very common commercial scenario, summarisation is simply a form of sentence extraction, and the text is reduced to a subset of its sentences. An alternative approach, for which some research has been carried out, is to generate brand new sentences that do not exist in the source text.

For Italian, research in most text technologies is much less developed than for English.

This requires a deeper understanding of the text, which means that so far this approach is far less robust. On the whole, a text generator is rarely used as a stand-alone application but is embedded into a larger software environment, such as a clinical information system that collects, stores and processes patient data. Creating reports is just one of many applications for text summarisation.

For the Italian language, research in the text technologies described above is much less developed than for the English language. Question answering, information extraction, and summarisation have been the focus of numerous open competitions in the USA since the 1990s, primarily organised by the government-sponsored organisations DARPA and NIST.

These competitions have significantly improved the state-of-the-art, but their focus has mostly been on the English language. As a result, there are fewer annotated corpora or other special resources needed to perform these tasks in Italian.

When summarisation systems use purely statistical methods, they are largely language-independent and a number of research prototypes are available. For text generation, reusable components have traditionally been limited to surface realisation modules (generation grammars) and most of the available software is for the English language.

4.4 EDUCATIONAL PROGRAMMES

Language technology is a very interdisciplinary field that involves the combined expertise of linguists, computer scientists, mathematicians, philosophers, psycholinguists, and neuroscientists among others. As a result, it has not acquired a clear, independent existence in the Italian faculty system. As for university curricula we mention the second level International Master on Human Language Technologies and Interface at the University of Trento and the European Master on Language and Communication Technologies hosted by the Free University of Bolzano. In addition, at master and PhD level, there are at least 16 other curricula related to HLT (most notably at the Universities of Venice, Turin, Pavia, Pisa, Roma Tor Vergata, Naples, and Bari), for a total of at least 76 university courses involving HLT topics including those related to Humanities Computing curricula.

4.5 NATIONAL PROJECTS AND INITIATIVES

The capability of a language to be "digitally" present in Internet-based applications and services has become a crucial element to maintain the cultural vitality of the language itself. On the other hand, Internet applications and services can be sustained only if adequate infrastructures and technologies are present. As for Italian, the situation cannot be compared to that of English, yet a considerable effort has been invested in Language Technologies research in Italy since 1997, when Human Language Technology (hence forth HLT) was designated a National research policy, with the launch of two three-year projects:

- TAL, National Infrastructure for Linguistic resources in the field of Automatic Treatment of Spo-

ken and Written Natural Language, funded by the Italian government for about 1.75M Euros;

- LRCMM, devoted to mono and multilingual research in computational linguistics, funded for about 3M Euros.

Funding at the national level is very limited, however. Since the two projects above were launched, only two small-size projects have been recently funded, i. e., MIUR-PARLI, for the harmonisation of existing computational resources for Italian, and MIUR-PAISÀ, for the realisation of a platform for learning Italian from annotated corpora.

The majority of the production of language resources and technologies for Italian is the result of various EU-funded research projects and other initiatives.

Thanks to these investments, several lexical databases as well as spoken and written corpora with both manual and automatic annotations at different levels (grammatical categories, syntactic constructions, textual mentions of people, organisations and locations, etc.) are now available. The same holds true for tools performing linguistic analysis of Italian, e. g., part of speech taggers, syntactic parsers and named entity recognisers, speech recognition or automatic translation from and into Italian.

Research on HLT is carried on by more than 15 research labs (according to the EUROMAP study) with an active and relevant presence in the international research community. Some major events have been organised by the Italian community, among which the 11th Conference of the European Chapter of the Association for Computational Linguistics (EACL 2006) in Trento, the 5th International Conference on Language Resources and Evaluation (LREC 2006) in Genova and the 12th Annual Conference of the International Speech Communication Association (Interspeech 2011) in Florence.

Italian groups are involved, often with coordination roles, in international networking projects, particularly at the European Level, for example in CLEF, the Cross Language Evaluation Forum [21], and in FLaReNet, a project fostering an international network for language resources [22]. According to a recent META-NET survey [23], there are currently seven national projects running and six European projects coordinated by Italian partners.

Furthermore, 2003 witnessed the founding of CELCT [24], the Center for the Evaluation of Language and Communication Technologies, located in Trento. Within the Italian Association for Artificial Intelligence (AI*IA) [25], the special interest group on Natural Language Processing is the scientific point of reference for the Italian research community in that field. Italian is included in several international initiatives for the evaluation of language technologies. CLEF, for example, has made available comparable tests in different languages for the organisation of cross language tasks (e. g., on Question Answering), which include Italian.

Evalita [26], an evaluation campaign of language technologies devoted exclusively to the Italian language, both spoken and written, has been organised every two years since 2007. The speech community is represented by the Italian Association of Speech Science (AISV) [27]. Finally, the Forum Tal [28] plays an important role in the promotion and diffusion of language technologies, in particular in Italian Public Administration, with one of its main achievements being the realisation of the white paper on language technologies in Italy.

In spite of the accomplishments obtained in the field of language technologies for Italian, the current state of technologies is not enough to guarantee a digital dimension to Italian such as it is required by applications and services of the future Internet. For the coming decades, the Italian community, while also going on with its effort on basic research, needs to develop technologies for Italian able to keep up with the size of the data available on the Internet of the future. In addition, all web-based

services will be accessed by potentially everyone, so the language technologies involved in providing such services in Italian should support the different variants of Italian produced by any speaker.

4.6 AVAILABILITY OF TOOLS AND RESOURCES

Figure 7 provides a rating for language technology support for the Italian language. This rating of existing tools and resources was generated by leading experts in the field who provided estimates based on a scale from 0 (very low) to 6 (very high) using seven criteria.

The key results for Italian language technology can be summed up as follows:

- Speech processing currently seems to be more mature than the processing of written text. In fact, speech technology has already been successfully integrated into many everyday applications, from spoken dialogue systems and voice-based interfaces to mobile phones and car navigation systems.

- Research has successfully led to the design of medium to high quality software for basic text analysis, such as tools for morphological analysis and syntactic parsing. But advanced technologies that require deep linguistic processing and semantic knowledge are still in their infancy.

- As to resources, there is a large reference text corpus with a balanced mix of genres for the Italian language, but it is difficult to access due to copyright issues; non balanced corpora are easier to access. There are a number of corpora annotated with syntactic, semantic and discourse structure mark-up, but again, there are not nearly enough language corpora containing the right sort of content to meet the growing need for deeper linguistic and semantic information.

- In particular, there is a lack of the sort of parallel corpora that form the basis for statistical and hybrid ap-

	Quantity	Availability	Quality	Coverage	Maturity	Sustainability	Adaptability
Language Technology: Tools, Technologies and Applications							
Speech Recognition	2	2	6	5	4.5	3	3
Speech Synthesis	3	3	5	5	4	3.5	4
Grammatical analysis	3.5	3	4	5	4	3	2
Semantic analysis	2.5	2.5	3.5	4	3	2.5	2.5
Text generation	0	0	0	0	0	0	0
Machine translation	4	3.5	4	3	4	3.5	2.5
Language Resources: Resources, Data and Knowledge Bases							
Text corpora	2.5	2.5	4	3.5	3.5	2.5	2
Speech corpora	3	3	4	2.5	2.5	2	2
Parallel corpora	2	2	4	3	4	3	2
Lexical resources	3.5	3.5	5	5	5	2.5	2.5
Grammars	2	2	4	4	3	2	2

7: State of language technology support for Italian

proaches to machine translation. Currently, translation from Italian to English works best because for there are large amounts of parallel text available for this language pair.

- Many of these tools, resources and data formats do not meet industry standards and cannot be sustained effectively. A concerted programme is required to standardise data formats and APIs.

- An unclear legal situation restricts the use of digital texts, e.g., those published online by newspapers, for empirical linguistic and language technology research, such as training statistical language models. Together with politicians and policy makers, researchers should try to establish laws or regulations that enable researchers to use publicly available texts for language-related R&D activities.

- The cooperation between the Language Technology community and those involved with the Semantic Web and the closely related Linked Open Data movement should be intensified with the goal of establishing a collaboratively maintained, machine-readable knowledge base that can be used both in web-based information systems and as semantic knowledge bases in LT applications. Ideally, this endeavour should be addressed multilingually on the European scale.

In a number of specific areas of Italian language research, we have software with limited functionality available today. Obviously, further research efforts are required to meet the current deficit in processing texts on a deeper semantic level and to address the lack of resources such as parallel corpora for machine translation.

4.7 CROSS-LANGUAGE COMPARISON

The current state of LT support varies considerably from one language community to another. In order to compare the situation between languages, this section will present an evaluation based on two sample application areas (machine translation and speech processing) and one underlying technology (text analysis), as well as basic resources needed for building LT applications. The languages were categorised using the following five-point scale:

1. Excellent support
2. Good support
3. Moderate support
4. Fragmentary support
5. Weak or no support

Language Technology support was measured according to the following criteria:

Speech Processing: Quality of existing speech recognition technologies, quality of existing speech synthesis technologies, coverage of domains, number and size of existing speech corpora, amount and variety of available speech-based applications.

Machine Translation: Quality of existing MT technologies, number of language pairs covered, coverage of linguistic phenomena and domains, quality and size of existing parallel corpora, amount and variety of available MT applications.

Text Analysis: Quality and coverage of existing text analysis technologies (morphology, syntax, semantics), coverage of linguistic phenomena and domains, amount and variety of available applications, quality and size of existing (annotated) text corpora, quality and coverage of existing lexical resources (e. g., WordNet) and grammars.

Resources: Quality and size of existing text corpora, speech corpora and parallel corpora, quality and coverage of existing lexical resources and grammars.

Figures 8 to 11 show that, thanks to large-scale LT funding in recent decades, the Italian language is better equipped than most other languages. It compares well with languages with a similar number of speakers, such as German. But LT resources and tools for Italian clearly do not yet reach the quality and coverage of comparable resources and tools for the English language, which is in the lead in almost all LT areas. And there are still plenty of gaps in English language resources with regard to high quality applications.

For speech processing, current technologies perform well enough to be successfully integrated into a number of industrial applications such as spoken dialogue and dictation systems. Today's text analysis components and language resources already cover the linguistic phenomena of Italian to a certain extent and form part of many applications involving mostly shallow natural language processing, e. g., spelling correction and authoring support.

However, for building more sophisticated applications, such as machine translation, there is a clear need for resources and technologies that cover a wider range of linguistic aspects and enable a deep semantic analysis of the input text. By improving the quality and coverage of these basic resources and technologies, we shall be able to open up new opportunities for tackling a broader range of advanced application areas, including high-quality machine translation.

4.8 CONCLUSIONS

In this series of white papers, we have provided the first high-level comparison of language technology support across 30 European languages. By identifying the gaps, needs and deficits, the European language technology community and its related stakeholders are now in a position to design a large scale research and development programme aimed at building truly multilingual, technology-enabled communication across Europe.

The results of this white paper series show that there is a dramatic difference in language technology support between European languages. While there are good quality software and resources available for some languages and application areas, other (usually smaller) languages have substantial gaps. Many languages lack basic technologies for text analysis and the essential resources.

Others have basic tools and resources, but there is little chance of implementing semantic methods in the near future. This means that a large-scale effort is needed to reach the ambitious goal of providing support for all European languages, for example through high quality machine translation.

In the case of the Italian language, we can be cautiously optimistic about the current state of language technology support. There is a viable LT research community in Italy, which has been supported in the past by large research programmes. And a number of large-scale resources and state-of-the-art technologies have been produced for Italian. However, the scope of the resources and the range of tools are still very limited when compared to English, and they are simply not sufficient in quality and quantity to develop the kind of technologies required to support a truly multilingual knowledge society.

Nor can we simply transfer technologies already developed and optimised for the English language to handle Italian. English-based systems for parsing (syntactic and grammatical analysis of sentence structure) typically perform far less well on Italian texts, due to the specific characteristics of the Italian language.

The Italian language technology industry is currently fragmented and disorganised. Most large companies have either stopped or severely cut their LT efforts, leaving the field to a number of specialised SMEs that are not robust enough to address the internal and the global market with a sustained strategy.

Our findings lead to the conclusion that the only way forward is to make a substantial effort to create language technology resources for Italian, as a means to drive forward research, innovation and development. The need for large amounts of data and the extreme complexity of language technology systems makes it vital to develop an infrastructure and a coherent research organisation to spur greater sharing and cooperation.

Finally there is a lack of continuity in research and development funding. Short-term coordinated programmes tend to alternate with periods of sparse or zero funding. In addition, there is an overall lack of coordination with programmes in other EU countries and at the European Commission level.

The long term goal of META-NET is to enable the creation of high-quality language technology for all languages. This requires all stakeholders – in politics, research, business, and society – to unite their efforts. The resulting technology will help tear down existing barriers and build bridges between Europe's languages, paving the way for political and economic unity through cultural diversity.

Excellent support	Good support	Moderate support	Fragmentary support	Weak/no support
	English	Czech Dutch Finnish French German **Italian** Portuguese Spanish	Basque Bulgarian Catalan Danish Estonian Galician Greek Hungarian Irish Norwegian Polish Serbian Slovak Slovene Swedish	Croatian Icelandic Latvian Lithuanian Maltese Romanian

8: Speech processing: state of language technology support for 30 European languages

Excellent support	Good support	Moderate support	Fragmentary support	Weak/no support
	English	French Spanish	Catalan Dutch German Hungarian **Italian** Polish Romanian	Basque Bulgarian Croatian Czech Danish Estonian Finnish Galician Greek Icelandic Irish Latvian Lithuanian Maltese Norwegian Portuguese Serbian Slovak Slovene Swedish

9: Machine translation: state of language technology support for 30 European languages

Excellent support	Good support	Moderate support	Fragmentary support	Weak/no support
	English	Dutch	Basque	Croatian
		French	Bulgarian	Estonian
		German	Catalan	Icelandic
		Italian	Czech	Irish
		Spanish	Danish	Latvian
			Finnish	Lithuanian
			Galician	Maltese
			Greek	Serbian
			Hungarian	
			Norwegian	
			Polish	
			Portuguese	
			Romanian	
			Slovak	
			Slovene	
			Swedish	

10: Text analysis: state of language technology support for 30 European languages

Excellent support	Good support	Moderate support	Fragmentary support	Weak/no support
	English	Czech	Basque	Icelandic
		Dutch	Bulgarian	Irish
		French	Catalan	Latvian
		German	Croatian	Lithuanian
		Hungarian	Danish	Maltese
		Italian	Estonian	
		Polish	Finnish	
		Spanish	Galician	
		Swedish	Greek	
			Norwegian	
			Portuguese	
			Romanian	
			Serbian	
			Slovak	
			Slovene	

11: Speech and text resources: state of support for 30 European languages

5

ABOUT META-NET

META-NET is a Network of Excellence partially funded by the European Commission [29]. The network currently consists of 54 research centres in 33 European countries. META-NET forges META, the Multilingual Europe Technology Alliance, a growing community of language technology professionals and organisations in Europe. META-NET fosters the technological foundations for a truly multilingual European information society that:

- makes communication and cooperation possible across languages;
- grants all Europeans equal access to information and knowledge regardless of their language;
- builds upon and advances functionalities of networked information technology.

The network supports a Europe that unites as a single digital market and information space. It stimulates and promotes multilingual technologies for all European languages. These technologies support automatic translation, content production, information processing and knowledge management for a wide variety of subject domains and applications. They also enable intuitive language-based interfaces to technology ranging from household electronics, machinery and vehicles to computers and robots. Launched on 1 February 2010, META-NET has already conducted various activities in its three lines of action META-VISION, META-SHARE and META-RESEARCH.

META-VISION fosters a dynamic and influential stakeholder community that unites around a shared vision and a common strategic research agenda (SRA).

The main focus of this activity is to build a coherent and cohesive LT community in Europe by bringing together representatives from highly fragmented and diverse groups of stakeholders. The present White Paper was prepared together with volumes for 29 other languages. The shared technology vision was developed in three sectorial Vision Groups. The META Technology Council was established in order to discuss and to prepare the SRA based on the vision in close interaction with the entire LT community.

META-SHARE creates an open, distributed facility for exchanging and sharing resources. The peer-to-peer network of repositories will contain language data, tools and web services that are documented with high-quality metadata and organised in standardised categories. The resources can be readily accessed and uniformly searched. The available resources include free, open source materials as well as restricted, commercially available, fee-based items.

META-RESEARCH builds bridges to related technology fields. This activity seeks to leverage advances in other fields and to capitalise on innovative research that can benefit language technology. In particular, the action line focuses on conducting leading-edge research in machine translation, collecting data, preparing data sets and organising language resources for evaluation purposes; compiling inventories of tools and methods; and organising workshops and training events for members of the community.

office@meta-net.eu – http://www.meta-net.eu

RIFERIMENTI REFERENCES BIBLIOGRAFICI

[1] Aljoscha Burchardt, Markus Egg, Kathrin Eichler, Brigitte Krenn, Jörn Kreutel, Annette Leßmöllmann, Georg Rehm, Manfred Stede, Hans Uszkoreit, and Martin Volk. *Die Deutsche Sprache im Digitalen Zeitalter – The German Language in the Digital Age*. META-NET White Paper Series. Georg Rehm and Hans Uszkoreit (Series Editors). Springer, 2012.

[2] Aljoscha Burchardt, Georg Rehm, and Felix Sasaki. Die zukünftige europäische mehrsprachige Informationsgesellschaft – Aufsatz mit Visionen für einen strategische Forschungsagenda (The Future European Multilingual Information Society – Vision Paper for a Strategic Research Agenda), 2011. http://www.meta-net.eu/vision/reports/meta-net-vision-paper.pdf.

[3] Directorate-General Information Society & Media of the European Commission. User Language Preferences Online, 2011. http://ec.europa.eu/public_opinion/flash/fl_313_en.pdf.

[4] European Commission. Multilingualism: an Asset for Europe and a Shared Commitment, 2008. http://ec.europa.eu/languages/pdf/comm2008_en.pdf.

[5] Directorate-General of the UNESCO. Intersectoral Mid-term Strategy on Languages and Multilingualism, 2007. http://unesdoc.unesco.org/images/0015/001503/150335e.pdf.

[6] Directorate-General for Translation of the European Commission. Size of the Language Industry in the EU, 2009. http://ec.europa.eu/dgs/translation/publications/studies.

[7] Grimes, Barbara F. (October 1996). Barbara F. Grimes. ed. Ethnologue: Languages of the World. Consulting Editors: Richard S. Pittman and Joseph E. Grimes (thirteenth ed.) Dallas, Texas: Summer Institute of Linguistics, Academic Pub. ISBN 1-55671-026-7.

[8] Roswitha Fischer and Hanna Pulaczewska (Eds.). *Anglicisms in Europe: Linguistic Diversity in a Global Context*. Cambridge Scholars Publishing, 2008.

[9] Accademia della Crusca. http://www.accademiadellacrusca.it.

[10] OECD. Summary of Results from PISA 2009. http://www.pisa.oecd.org/dataoecd/34/19/46619755.pdf.

[11] Kai-Uwe Carstensen, Christian Ebert, Cornelia Ebert, Susanne Jekat, Hagen Langer, and Ralf Klabunde, editors. *Computerlinguistik und Sprachtechnologie: Eine Einführung*. Spektrum Akademischer Verlag, 2009.

[12] Daniel Jurafsky and James H. Martin. *Speech and Language Processing (2nd Edition)*. Prentice Hall, 2009.

[13] Christopher D. Manning and Hinrich Schütze. *Foundations of Statistical Natural Language Processing*. MIT Press, 1999.

[14] Language Technology World (LT World). http://www.lt-world.org.

[15] Ronald Cole, Joseph Mariani, Hans Uszkoreit, Giovanni Battista Varile, Annie Zaenen, and Antonio Zampolli, editors. *Survey of the State of the Art in Human Language Technology (Studies in Natural Language Processing)*. Cambridge University Press, 1998.

[16] Jerrold H. Zar. Candidate for a Pullet Surprise. *Journal of Irreproducible Results*, page 13, 1994.

[17] Spiegel Online. Google zieht weiter davon (Google is still leaving everybody behind), 2009. http://www.spiegel.de/netzwelt/web/0,1518,619398,00.html.

[18] Juan Carlos Perez. Google Rolls out Semantic Search Capabilities, 2009. http://www.pcworld.com/businesscenter/article/161869/google_rolls_out_semantic_search_capabilities.html.

[19] Philipp Koehn, Alexandra Birch, and Ralf Steinberger. 462 Machine Translation Systems for Europe. In *Proceedings of MT Summit XII*, 2009.

[20] Kishore Papineni, Salim Roukos, Todd Ward, and Wei-Jing Zhu. BLEU: A Method for Automatic Evaluation of Machine Translation. In *Proceedings of the 40th Annual Meeting of ACL*, Philadelphia, PA, 2002.

[21] The CLEF Initiative. Conference and Labs of the Evaluation Forum. http://www.clef-initiative.eu.

[22] FLaReNet. Fostering Language Resources Network. http://www.flarenet.eu.

[23] Claudia Soria and Joseph Mariani. Report on Existing Projects and Initiatives. META-NET Deliverable D11.3.

[24] CELCT. Center for the Evaluation of Language and Communication Technology. http://www.celct.it.

[25] AI*IA. Associazione Italiana per l'Intelligenza Artificiale (Italian Association for Artificial Intelligence). http://www.aixia.it.

[26] EVALITA. Evaluation of NLP and Speech Tools for Italian. http://www.evalita.it.

[27] AISV. Associazione Italiana di Scienze della Voce (Italian Association for Speech Sciences). http://www.aisv.it.

[28] ForumTAL. Forum Permanente sul Trattamento Automatico del Linguaggio (Permanent Forum about Natural Language Processing). http://www.forumtal.it.

[29] Georg Rehm and Hans Uszkoreit. Multilingual Europe: A challenge for language tech. *MultiLingual*, 22(3):51–52, April/May 2011.

B

MEMBRI DI META-NET   META-NET MEMBERS

Austria	Austria	Zentrum für Translationswissenschaft, Universität Wien: Gerhard Budin
Belgio	Belgium	Computational Linguistics and Psycholinguistics Research Centre, University of Antwerp: Walter Daelemans
		Centre for Processing Speech and Images, University of Leuven: Dirk van Compernolle
Bulgaria	Bulgaria	Inst. for Bulgarian Language, Bulgarian Academy of Sciences: Svetla Koeva
Cipro	Cyprus	Language Centre, School of Humanities: Jack Burston
Croazia	Croatia	Inst. of Linguistics, Faculty of Humanities and Social Science, University of Zagreb: Marko Tadić
Danimarca	Denmark	Centre for Language Technology, University of Copenhagen: Bolette Sandford Pedersen, Bente Maegaard
Estonia	Estonia	Inst. of Computer Science, University of Tartu: Tiit Roosmaa, Kadri Vider
Finlandia	Finland	Computational Cognitive Systems Research Group, Aalto University: Timo Honkela
		Department of Modern Languages, University of Helsinki: Kimmo Koskenniemi, Krister Lindén
Francia	France	Centre National de la Recherche Scientifique, Laboratoire d'Informatique pour la Mécanique et les Sciences de l'Ingénieur and Inst. for Multilingual and Multimedia Information: Joseph Mariani
		Evaluations and Language Resources Distribution Agency: Khalid Choukri
Germania	Germany	Language Technology Lab, DFKI: Hans Uszkoreit, Georg Rehm
		Human Language Technology and Pattern Recognition, RWTH Aachen University: Hermann Ney
		Department of Computational Linguistics, Saarland University: Manfred Pinkal
Grecia	Greece	R.C. "Athena", Inst. for Language and Speech Processing: Stelios Piperidis
Irlanda	Ireland	School of Computing, Dublin City University: Josef van Genabith
Islanda	Iceland	School of Humanities, University of Iceland: Eiríkur Rögnvaldsson
Italia	Italy	Consiglio Nazionale delle Ricerche, Istituto di Linguistica Computazionale "Antonio Zampolli": Nicoletta Calzolari
		Human Language Technology Research Unit, Fondazione Bruno Kessler: Bernardo Magnini

Lettonia	Latvia	Tilde: Andrejs Vasiļjevs
		Inst. of Mathematics and Computer Science, University of Latvia: Inguna Skadiņa
Lituania	Lithuania	Inst. of the Lithuanian Language: Jolanta Zabarskaitė
Lussemburgo	Luxembourg	Arax Ltd.: Vartkes Goetcherian
Malta	Malta	Department Intelligent Computer Systems, University of Malta: Mike Rosner
Norvegia	Norway	Department of Linguistic, Literary and Aesthetic Studies, University of Bergen: Koenraad De Smedt
		Department of Informatics, Language Technology Group, University of Oslo: Stephan Oepen
Paesi Bassi	Netherlands	Utrecht Inst. of Linguistics, Utrecht University: Jan Odijk
		Computational Linguistics, University of Groningen: Gertjan van Noord
Polonia	Poland	Inst. of Computer Science, Polish Academy of Sciences: Adam Przepiórkowski, Maciej Ogrodniczuk
		University of Łódź: Barbara Lewandowska-Tomaszczyk, Piotr Pęzik
		Department of Computer Linguistics and Artificial Intelligence, Adam Mickiewicz University: Zygmunt Vetulani
Portogallo	Portugal	University of Lisbon: António Branco, Amália Mendes
		Spoken Language Systems Laboratory, Inst. for Systems Engineering and Computers: Isabel Trancoso
Regno Unito	UK	School of Computer Science, University of Manchester: Sophia Ananiadou
		Inst. for Language, Cognition and Computation, Centre for Speech Technology Research, University of Edinburgh: Steve Renals
		Research Inst. of Informatics and Language Processing, University of Wolverhampton: Ruslan Mitkov
Repubblica Ceca	Czech Republic	Inst. of Formal and Applied Linguistics, Charles University in Prague: Jan Hajič
Romania	Romania	Research Inst. for Artificial Intelligence, Romanian Academy of Sciences: Dan Tufiş
		Faculty of Computer Science, University Alexandru Ioan Cuza of Iaşi: Dan Cristea
Serbia	Serbia	University of Belgrade, Faculty of Mathematics: Duško Vitas, Cvetana Krstev, Ivan Obradović
		Pupin Inst.: Sanja Vranes
Slovacchia	Slovakia	Ľudovít Štúr Inst. of Linguistics, Slovak Academy of Sciences: Radovan Garabík
Slovenia	Slovenia	Jožef Stefan Inst.: Marko Grobelnik
Spagna	Spain	Barcelona Media: Toni Badia, Maite Melero
		Institut Universitari de Lingüística Aplicada, Universitat Pompeu Fabra: Núria Bel

Aholab Signal Processing Laboratory, University of the Basque Country: Inma Hernaez Rioja

Center for Language and Speech Technologies and Applications, Universitat Politècnica de Catalunya: Asunción Moreno

Department of Signal Processing and Communications, University of Vigo: Carmen García Mateo

Svezia	Sweden	Department of Swedish, University of Gothenburg: Lars Borin
Svizzera	Switzerland	Idiap Research Inst.: Hervé Bourlard
Ungheria	Hungary	Research Inst. for Linguistics, Hungarian Academy of Sciences: Tamás Váradi

Department of Telecommunications and Media Informatics, Budapest University of Technology and Economics: Géza Németh, Gábor Olaszy

Quasi 100 esperti di tecnologie linguistiche – in rappresentanza dei paesi e delle lingue rappresentate in META-NET – hanno discusso e messo a punto i principali messaggi e risultati della Collana Libri Bianchi durante una riunione di META-NET a Berlino, Germania, il 21 e 22 ottobre 2011. – About 100 language technology experts – representatives of the countries and languages represented in META-NET – discussed and finalised the key results and messages of the White Paper Series at a META-NET meeting in Berlin, Germany, on October 21/22, 2011.

C

LA COLLANA LIBRI BIANCHI META-NET THE META-NET WHITE PAPER SERIES

Basco	Basque	euskara
Bulgaro	Bulgarian	български
Catalano	Catalan	catal⊠
Ceco	Czech	čeština
Croato	Croatian	hrvatski
Danese	Danish	dansk
Estone	Estonian	eesti
Finlandese	Finnish	suomi
Francese	French	français
Galiziano	Galician	galego
Greco	Greek	ελληνικά
Inglese	English	English
Irlandese	Irish	Gaeilge
Islandese	Icelandic	íslenska
Italiano	Italian	italiano
Lettone	Latvian	latviešu valoda
Lituano	Lithuanian	lietuvių kalba
Maltese	Maltese	Malti
Norvegese Bokmål	Norwegian Bokmål	bokmål
Norvegese Nynorsk	Norwegian Nynorsk	nynorsk
Olandese	Dutch	Nederlands
Polacco	Polish	polski
Portoghese	Portuguese	português
Rumeno	Romanian	română
Serbo	Serbian	српски
Slovacco	Slovak	slovenčina
Sloveno	Slovene	slovenščina
Spagnolo	Spanish	español
Svedese	Swedish	svenska
Tedesco	German	Deutsch
Ungherese	Hungarian	magyar